唤醒你的大脑系列

U0105296

ZuiQiang DaNao

最强大脑

激发你的**脑潜能**

李华伟　编著

远方出版社

图书在版编目（CIP）数据

最强大脑：激发你的脑潜能／李华伟编著．——
呼和浩特：远方出版社，2020.11
　（唤醒你的大脑系列）
　ISBN 978 - 7 - 5555 - 1234 - 9

Ⅰ.①最… Ⅱ.①李… Ⅲ.①智力开发 Ⅳ.
①G421

中国版本图书馆 CIP 数据核字（2020）第 150792 号

最强大脑·激发你的脑潜能

ZUIQIANG DANAO JIFA NI DE NAO QIANNENG

编　　著	李华伟
责任编辑	孟繁龙
责任校对	秋　藏
封面设计	小徐书装
版式设计	赵艳霞
出版发行	远方出版社
社　　址	呼和浩特市乌兰察布东路 666 号　邮编：010010
电　　话	(0471)2236473 总编室　2236460 发行部
经　　销	新华书店
印　　刷	天津中印联印务有限公司
开　　本	145mm×210mm　1/32
字　　数	170 千
印　　张	7.5
版　　次	2020 年 11 月第 1 版
印　　次	2020 年 11 月第 1 次印刷
标准书号	ISBN 978 - 7 - 5555 - 1234 - 9
定　　价	38.00 元

前　言

当时间的脚步迈进 21 世纪，科技已然成为主宰。人类探索世界和自身的成就比以往任何时期都让人惊叹。人类成功地把探测器送上了火星，通过人类基因组计划解开了人体基因的密码，并且绘制出了人类基因图谱，然而关于大脑，人类却仅仅见识到冰山一角。

英国著名心理学家东尼·伯赞曾说过，人的大脑就像是一个沉睡的巨人。作为思维的发源地，大脑的潜力几乎无穷无尽。联合国教科文组织国际教育发展委员会总结了全球关于大脑研究的惊人成果："人的大脑中还有很大一部分潜力没有被利用。"我们不难想象，随着科学的发展，人们对大脑构造和功能的了解会更加深入。届时，人类将会为隐藏在自己脑内的巨大潜能所震惊。

那么，大脑的优劣是天生的吗？当然不是，最新的研究成果表明，聪明的大脑可以通过后天的努力锻炼培养出来。只要我们能了解大脑、保护大脑，掌握大脑运作的规律，就能最大限度地激活那些尚在"冬眠"的脑细胞，唤醒沉睡的大脑潜能。

本书作者结合人类大脑潜能开发的新成果和新理念，深刻剖析了大脑的结构组成及功能，分别从思维训练、记忆力提升、情绪管理、创造力塑造等方式全方位向读者讲述如何科学地利用脑力、激发潜能。

特别值得一提的是，开发和锻炼大脑与人类的所有活动都密不可分，单纯地聚焦记忆或者思维，并非激发大脑潜能的最佳途径。一切能够发挥主观能动性的活动，甚至一顿可口的饭菜、一次畅快淋漓的晨跑、一曲美妙的音乐、一次令人愉悦的社交、一本洗涤心灵的好书，都能让大脑汲取养分，释放出巨大的能量。

那么，现在让我们跟随本书，开始这段大脑的探索之旅吧！当你刷新了对大脑的认知，发现了开启潜能的按钮，就能轻松提升脑力，打造自己的"最强大脑"！

目 录 | Contents

1

第三章　揭开记忆与大脑之间的秘密

第四章　超强大脑都是情绪的绝对领袖

第一章
探秘神奇的大脑

从人类出现在这个星球上的那一刻起，人的所有行为和知觉都与大脑密不可分。究竟是人在控制大脑，还是大脑在操纵人？我们对自己了解多少，又对大脑了解多少？

认识大脑，就是认识自己；善待大脑，就是善待自己。

1. 大脑的存在

　　它深刻影响着你的思考、分析和学习能力；它几乎控制着你身体与思想的全部；它让你成为这个世界上独一无二的个体，它是一台最复杂、最奇异、最神秘的机器——它就是人类的大脑。

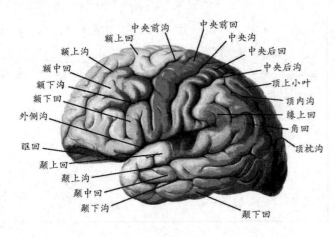

图 1.1　大脑半球外侧面

　　那么，我们在什么时候会意识到大脑的存在呢？是在认真工作的时候，还是在刻苦学习的时候，或者是在苦思冥想的时候？美国神经心理学家路易斯·科佐利诺幽默地说："告诉我，你上次想到自己有一个大脑是什么时候？……我们对太阳系的了解，远比对自己大脑的了解要多得多。"

虽然现代医学研究已经对人体了如指掌，然而大脑却是一个例外。过去的科学研究认为，到目前为止，人类的大脑仅仅开发了10%，这无疑是冰山一角，还有90%的潜能等待人类去发掘和激活。近年来又有新的研究认为这一说法并不可靠，但对于大脑开发的远景都表示了期待。

图1.2 人类对大脑的探索从来没有停止

那么，这样一台神奇的"机器"是如何诞生、进化的呢？

探求大脑诞生和进化的历程与追溯生命的起源是分不开的。关于地球生命的起源，目前说法不一。但人们更倾向于认为生命起源于海洋，因此大脑的诞生和进化也要从海洋或者湖泊中找寻源头。

原始地球形成于约 46 亿年前，那时的地球温度极高，原始大气中没有氧气及臭氧层，紫外线、闪电、宇宙射线都可以直接作用于原始大气中的各种气体成分。

20 世纪 20 年代，苏联科学家奥巴林在《生命起源》中提出了"化学起源论"，他认为原始大气中无游离氧的还原性大气在短波紫外线等的作用下能生成简单有机物，而简单有机物又进一步生成复杂有机物，同时在原始海洋中形成多分子聚合体，后者经过长期的演变和自然选择，最终形成了原始生命的雏形。

为了验证"化学起源论"，1953 年美国芝加哥大学研究生米勒（S. L. Miller）在其导师尤利的指导下进行了著名的"米勒实验"，证实了生命起源的第一步，即从无机物形成有机小分子物质，在原始地球的条件下是完全可能实现的。

大脑的起源同样经历了类似的过程。最初，海洋里只有单细胞生物沉浮，它们没有大脑，却拥有感知和适应外界环境变化的能力。随着多细胞动物的出现，一些细胞逐渐演变成具有特殊传递信息功能的神经细胞，并且进一步演化出轴突。它们一方面可以远距离传递各种电信号，另一方面也通过在细胞突触的位置释放化学物质向其他细胞快速传递信号。这被认为是神经系统的诞生。

接着，类似于大脑的神经核团在蠕虫类动物中出现了。蠕虫类动物是如今的绝大多数动物（包括脊椎动物、软体动物和昆虫等）的祖先。神经核团是原始的中央神经系统，它在传递信息的基础上，实现了对信息的处理，这使得动物能够对更复杂的外界环境做出反应。大约 5 亿年前，一些动物发生基因突变，导致基因组被复制加倍。从而奠定了大脑复杂化的基础。它们提供了丰富的新基因片段，促使大脑分化出不同的脑区来表达不同类型的神经递质，使大脑衍生出了很多新的功能。

大约3.6亿年前，人类的祖先登上陆地。大约2亿年前，它们进化为最早的哺乳动物，它们的大脑表层已经形成了一个较小的大脑皮质，也拥有了复杂多变的行为。值得一提的是，它们的脑容量相对较大，恐龙统治下的生存环境迫使它们的神经系统高速发展。恐龙灭绝后，一些哺乳类动物开始在树上生活，成为灵长类动物的祖先。同现代灵长类动物相似，它们应当同样喜欢群居，这就要求每个个体都有更强的脑功能。

脑容量加大，大脑皮质的扩张、折叠，这些令人惊奇的脑部变化为这些远古的灵长类动物提供了更强的整合与处理信息的能力，提升了它们的整体智力，甚至逐渐导致抽象思维的诞生。

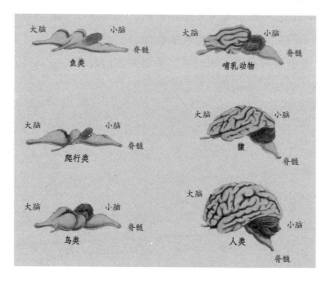

图1.3　不同物种的大脑示意图

以往的科学认为，人类大脑能够高度进化，是源于离开森林的人类学会了直立行走，然而化石证据表明，在原始人类学会直立行走后的近百万年里，其脑容量并没有明显改变。据科学家们推测，人类的脑容量是在近 250 万年里急速提升的。当原始人类运用智慧让自己生活质量不断提高后，大脑便开始了飞速进化。特别是约 200 万年前，人类逐渐学会使用工具狩猎，这被视为大脑进化的重要里程碑。动物肉类中丰富的营养加速了人类大脑的进化。同时，火的使用帮助人类更好地汲取营养，使人类的消化道缩短，减少消化食物所需的能量，将省下的能量供大脑使用，促进了大脑的进化。

可见，基于原始人类的基因、文化、技能及饮食等多种因素的共同作用，最终于 20 万年前成功进化出了现代人类的大脑。

可以说，大脑自诞生开始，每一个发展过程都不是一蹴而就的。而是与生物所处的环境和生存的需要息息相关。探究大脑的秘密，是一种自我理解的方式。了解大脑的起源，可以对我们今后开发、训练大脑起到一定的帮助。

2. 解剖大脑的两个半球

你是否听到过"经常使用右脑的人是艺术家类型，经常使用左脑的人是理论家类型"的说法？

大部分人仅仅知道大脑分为左右脑，却并不十分了解其具体的构造及工作原理。其实，人们对大脑的认识经历了漫长的过程。19 世纪之前，人们对左右脑的差异基本一无所知，直到著名的布罗卡分脑区实验才让人类终于认识到了左脑和右脑的区别。

19 世纪时，布罗卡医生接诊了一位男性患者，这位患者患有失语症，不能正常讲话。布罗卡细心地对他进行了全身检查，结果发现他的喉头肌肉和发音器官都不足以影响其正常的语言功能，也没有其他瘫痪的症状对发音构成阻碍，其他方面也都没有问题。后来这位患者去世，布罗卡对其进行了尸体解剖。他发现患者大脑的左额叶组织有严重病变。于是，布罗卡将其大脑保存在酒精中，并向法兰西人类学学会描述了他的发现。于是，轰动科学界的论文——《人是用左脑说话》诞生。

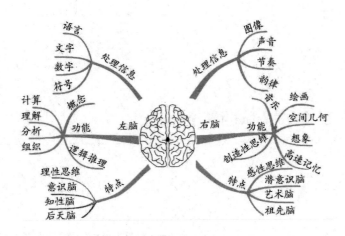

图 1.4 左右脑功能划分示意图

　　而真正确立左右脑分工的观念始于 20 世纪 50 年代。美国加利福尼亚技术研究院教授、著名生物学家罗杰·斯佩里通过著名的割裂脑实验，提出了证实大脑不对称性的"左右脑分工理论"，并且因此获 1981 年诺贝尔生理学或医学奖。

　　在罗杰·斯佩里对裂脑人进行研究以前，人们对大脑机能的认识，始终停留在"左半球为语言控制区，占支配地位，右半球为功能不多的沉默区，处于从属地位"的阶段。斯佩里经过数十年研究，对"左半球优势论"发起挑战，提出"大脑两半球分工论"。刷新了近百年来普遍认为人脑左半球更具优势的传统观念。

　　人类大脑纵裂分成左右两个半球，它们之间由胼胝体连接沟通，构成完整的统一体。一般情况下，大脑作为一个整体进行工作，来自外界的信息，经胼胝体传递，两个半球的信息能够在瞬间进行交流（每秒 10 亿位元），人类所有活动都是两半球信息交换与综合处理的结果。

　　研究表明，左右脑的各项功能是相通的，只是分工和侧重点不同。左半球感受并支配右半身的活动，具有处理语言、进行抽象思维、逻辑推理、数字运算等功能，因此左脑又被人们称作"意识脑""学术脑""语言脑"。右半球则感受并支配左半身的活动，擅长非语言的形象思维和直觉，对音乐、美术、舞蹈等艺术活动有非凡的感悟力，所以人们称它为"本能脑""潜意识脑""创造脑""音乐脑""艺术脑"。由于善于找出多种解决问题的办法，很多高级思维功能都取决于右脑，因此有人将其比喻为"万能博士"。

　　由于左右脑的分工特点，在现实生活中人们需要左右脑协调工作、平衡发展。然而有统计显示，绝大多数人的左右脑发展并不平衡，曾经有人记录了100名健康的新生儿躺卧时头部所保持的方向，从而在一定程度上证实了左半球具有优势。大脑左右半球功能的不对称性在婴儿时期就表现出来了，大多数人的左脑更发达。

　　与左脑相比，人的右脑更具有直观性的整体把握能力、形象思维能力、独创性等，因此开发右脑将对人自身潜能的挖掘意义非凡。爱因斯坦说："我思考问题时不是用语言进行思考，而是用活动的、跳跃的形象进行思考。"需要特别强调的是，开发右脑是为了更好地发挥右脑的优势，进一步将左右脑结合起来，进行左右脑的第二次协同，并非以右脑思维取代左脑思维。

　　对正常人来说，大脑左右两半球既各司其职又密切配合，二者相辅相成，从而构成统一的控制系统。如果没有左脑功能的开发，那么，右脑功能也不能完全开发，反之亦然。但无论是左脑还是右脑，开发的最终目的都是促进两半球的均衡协调发展，最大限度地激发大脑的潜能。

3. 繁忙的信息工厂

提到大脑对信息的存储和加工，人们会很自然地将其与另一个复杂的运算系统——计算机进行对比，甚至人们还将大脑比作计算机的 CPU、内存、硬盘。尽管将两者对比并不客观公平，但却可以帮助我们更直观地了解大脑的存储容量以及它是如何接收和处理信息的。

人类大脑和计算机的架构存在类似之处，它们都包含大量基本单元，分别是神经元和晶体管，并且拥有独立电路，可用于信息输入输出、中央信息处理及记忆存储。

据相关研究数据显示，人脑包含大约 100 亿个神经元，并且每一个神经元的周围都有 1 000 ~ 10 000 个突触伸展出去，与相邻的神经元的突触相交联，在脑内"手牵手"传递信息。在单个神经元内，信息是以电信号的形式传输的，然而由于和毗邻的神经元相连的突触之间存在细微的距离，因此电信号需要借助在突触间制造出的一种被称为"神经递质"的化学物质进行传输。值得一提的是，这些神经元的生存周期远远超过了人的寿命，长达150 年之久。

　　科学家预估大脑可以存储约 10 万亿位的信息，如此庞大的存储能力可与 1 万台计算机的存储容量相媲美。或许这个数据并不具有权威性，但我们仍然可以从中感受到人类大脑存储数据量之惊人。

　　英国《每日邮报》报道称，人类大脑的信息存储能力是之前预计的 10 倍。美国科学家研究发现，大脑神经的每个突触可存储约 4.7 比特信息，这表明人类大脑可以存储 1 千万亿字节（1 拍字节）数据信息。

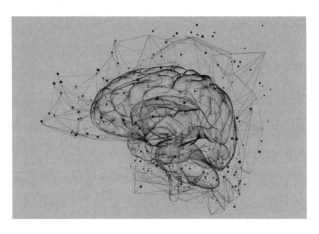

图 1.5　大脑超强的信息存储能力与超快的信息处理能力

　　那么，大脑这座繁忙的信息工厂如何接收、存储并处理数量庞大的信息呢？研究发现，在我们与外界沟通的时候，大脑需要对信息进行不断的加工处理，如同经过层层过滤网。一般而言，这个过程包括删减、扭曲和归纳。

　　（1）删减

　　人类每秒所面对的信息约为 200 万比特，而大脑的意识部分并不能在一秒钟之内将这些信息完全处理。因此，大脑沟通的第一道程序便是将其中的绝大部分删减，最后只保存 5~9 组，每秒约 134 比特信息，然后大脑就可以继续处理了。当大脑发现需要同时处理的项目超过 4 个时，就会根据自己的知识背景和理解能力把这些信息进行编码归类。对信息进行编码归类可以提高信息处理能力和记忆力。

比如，你正在图书馆读一篇文章，同时注意你视线范围内的其他事物。你看到了什么？结果你会发现自己会不自觉地屏蔽掉很多视线中的事物。声音也同样如此，身体的感受亦然。可见，在潜意识里，我们的大脑每时每刻都在删减许多的信息，只不过我们自己很难察觉。

（2）扭曲

扭曲是大脑沟通的第二道程序。我们熟知的"杯弓蛇影""睹物思人"就属于该范畴。它让我们产生想象的空间，从而感受到更多的体验。艺术作品里面有许多形象就是扭曲的结果。

大脑的扭曲会使人们对同样事物产生完全不同的认知，结果处于各种情绪状态之中。比如我们看到一位装扮精致的女士站在路边，神情有些焦急，会想到什么呢？或许会感叹她的美丽，或许会猜测她在等谁，又或许认为她一定拥有一份体面的工作。当然，这些想法都是猜测和假设，事实并不一定如此。

扭曲会让我们产生种种假设，继而引发各种情绪，甚至会沉溺于情绪而无法理性地思考分析。

（3）归纳

学习是人类与生俱来的能力，人们在学习和实践中不断地总结经验教训，并将其储存在我们的大脑里，这种能力就是归纳，它可以使我们学得更快、学到更多。

比如，我们偶遇一个久未谋面的朋友，我们是如何判定对方是自己的朋友的呢？因为这个人的音容笑貌等特征与我们之前储存在大脑里的信息一致。大脑将我们与对方认识和接触过程中的相关信息归纳、储存，当再次相遇的时候，就会自动提取相关的资料，经过对比分析，然后确定对方的身份。当然，这个过程是大脑在瞬间完成的。

可见，大脑的归纳功能可以让我们更有效率地处理信息，但同时也有其自身的局限性，导致我们认知事物有片面性，从而限制自身潜力的发挥。

在过去的几十年里，科学家和工程师从人类大脑结构中获得灵感来发明和改进计算机，使得计算机技术日新月异，尤其是近年来的人工智能，更是将大脑的功能模仿到了新的高度。尽管如此，与最先进的计算机相比，人类大脑仍然拥有更强的灵活性、普遍适用性和学习能力。

4. "情感脑"的幸福体验

人每天都会产生各种各样的情绪，高兴、难过、愤怒、悲伤、幸福、焦虑等，包括食欲、性欲、快感、恐惧等也都是本能的情感体现。那么这些情绪是怎么产生的呢？又与大脑的哪个部分有关系呢？

科学家们认为人类的情绪始于低级生命，在人类的进化过程中一路相随。它与调节、维持生命的大脑部位丘脑和边缘系统相关，尤其是大脑皮质与前额叶对人类的情绪与认知起到了非常重要的整合作用。

大脑主要由大脑皮质和边缘系统构成。大脑皮质是大脑的主要部分，人们称它为"理性的大脑"，主要负责人体的很多高级功能，包括语言、思考、规划、执行、认知等。边缘系统则包括无数在大脑皮质及皮质下区域的结构，包括海马体、杏仁核、扣带回、下丘脑等区域，人们称它为"情感的大脑"，主宰情绪、动机、记忆等功能。

就大脑机制而言，情绪及相关的机体反应产生都在大脑边缘系统中。特别是深层边缘系统，它是一组位于大脑最深层的神经组织，是边缘系统的内圈，环绕在基底神经节里，包括丘脑、下丘脑及周围组织，是我们的情绪中枢。它能影响我们对外界的感受以及与他人的关系，影响我们对家人、朋友的感情，赋予我们的情绪以积极或者消极的色彩，以及对过往快乐或者悲痛情绪的记忆；影响我们对性的欲望；甚至还能调控睡眠和饮食等。除此之外，它还是我们的嗅觉中心。

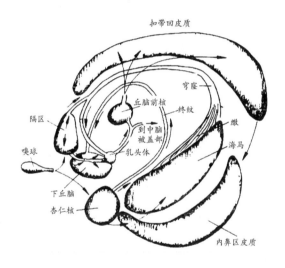

图 1.6　边缘系统示意图

下面，我们再来看一下不同部位的具体作用：

①下丘脑。它的内部存在"快乐中枢"和"痛苦中枢"，通过刺激这些部位，会让人产生愉快或不愉快的情绪体验。

②基底神经节。它是环绕着丘脑和下丘脑的一组神经细胞，决定身体的松紧状态及精细活动；帮助调和统一感受、认知及身

体的行动。倘若它太兴奋，人会变得焦虑不安、肌肉紧张、哆嗦发抖；反之，人就会变得懈怠及缺乏动力，无法集中注意力。我们常说的咖啡因可以对人产生提神的作用，实际上就是对大脑基底核所起的作用。

③前扣带回。它位于边缘系统的前端，在大脑前额叶的中部。人的安全感就源自这里，它与我们思维的灵活性和柔韧性有关。该部位的活动能使人更好地适应环境的变化，更加合群，头脑灵活并做出反应。

④颞叶。它分布在大脑的两侧，眼睛与耳朵的后面。影响人的记忆、语言、情绪的稳定性以及脾气；帮助协调人的感知（视觉、听觉、嗅觉、味觉及触觉）与行为。如果它的功能失调，人会容易产生无端的恐惧和犯罪的思想以及攻击性，记忆、学习和社交的能力也会受到影响。

⑤杏仁核。科学家认为恐惧的缺失是杏仁核的基底外侧核损毁的结果。它不仅与恐惧情绪有关，也可能涉及喜悦等情绪的加工；丘脑的前部损伤则会导致一个人的情绪紊乱，如自发地笑和哭。

需要特别指出的是，以上各个区域的活动不是孤立的，它们彼此联系、相互影响。

此外，简单介绍一下与我们的情绪有关的大脑化学物质：

①谷氨酸。它遍布于大脑组织，是大脑行动的"绿灯"，传导"行动"的信号。

②伽马氨基丁酸。它与谷氨酸相对，是大脑的"黄灯"和"红灯"，传导"慢下来"或者"停止"的信号。

③羟色胺。它主要存在于以上提到的情绪中枢中，与人的情

绪的调节有很大关系。尤其是分量不足时，会导致或加重焦虑和抑郁。

④副肾上腺素。它与提升我们的精力有关。然而，倘若分量过多，则会使人紧张。

⑤多巴胺。它的作用与其在大脑分布的位置有关。它影响人的注意力、动力等，还能引起人的"狂喜"。人们称它为诱发快乐的神经递质。其分量过多或者过少都会引起身体及情绪上的疾病。

倘若大脑中这些化学物质失衡、数量过多或过少或不能传播，甚至送错地方，都容易引发心理疾病。现实中有很多因素会引起大脑的化学物质不平衡，而我们治疗心理疾病的药物，大部分是用来调节以上化学物质的。当然，我们也可以应用其他方法和技巧训练我们的大脑和思维，进而调节大脑中的化学物质，来弥补大脑的其他部位功能的不足。

我们应该感到庆幸，正因为大脑的结构和功能如此复杂精细，人类才得以拥有其他生物所不具备的能力，用我们的大脑去思考和行动，从而去学习调节我们的情绪和感觉，应对来自外界和自身的反应和挑战。

5. 孕育创意的沃土

人类的祖先在危机四伏、竞争激烈的生存环境中，需要不断应对外界的各种挑战，在这个有些残酷的进化过程中，我们并没有像动物一样更强壮，而是变得更加聪明——大脑不断进化。

美国科罗拉多大学的考古学家霍夫克曾提出，人类早在160万年前就开始使用石斧，这意味着人类大脑开始出现了某种变化。而这些石斧则被他称为"内部想法最早的外部表现之一"。他认为，"它们反映出大脑神经细胞存储着一个设计或思维形式，并将其运用在石头上，它们似乎是手、眼、脑和工具本身之间形成稳固反馈关系的结果。"

"随着符号和语言的出现，以及随之而来的大脑朝着超级大脑的转变，人类思维作为一种具有无限潜力的创造力开始加速发展。"可见，大脑的发育没有极限，创造力在某种程度上是伴随大脑的进化更新的。

哈佛大学的一项研究表明，人的创造力与大脑结构有着紧密的联系。创意十足的头脑明显比一般的大脑更善于调动不同脑区神经网络的协同运作。更进一步说，创造性思维可以由大脑不同区域间的有效沟通决定，而这些区域通常是分开工作的。

一个国际科学家小组对人的发散思维进行测试，他们给 163 位受试者做了 FMRI（核磁共振），这种技术能对大脑活动区域进行精准的定位。首先他们向受试者展示一个日常物品，然后要求他们在 12 秒内想出这个物品最具创意的用途，最后根据这些创意的新颖度进行排名。与此同时，研究者们会记录受试者在整个思考过程中脑内的活动情况。

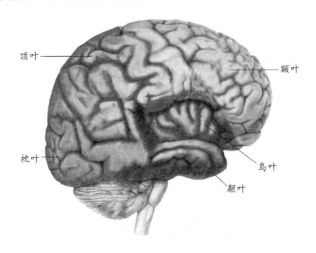

图 1.7　额叶、顶叶与颞叶分布图

根据实验中受试者的 FMRI 图像的显示结果，研究者们发现人的大脑中有三块位置的神经网络对创造力活动是最敏感的：默认模式网络、执行控制网络和突显网络。前两个网络分别对应"头脑风暴"和想法筛选，其中默认模式网络也被称为"想象力网络"，对创造力尤为重要。默认模式网络由神经科医师瑞可在 2001 年首次发现，它能激发大脑中的额叶、顶叶和颞叶内表面的许多区域。默认模式网络并不单独工作，它与大脑中负责控制我们注意力和工作记忆的执行网络协同合作；执行控制网络则帮助人们专注于想象，屏蔽外界干扰，使我们能够感知到自己的内心体验。最后的突显网络则更像是一个开关，它负责决定新想法或创意的诞生，以及删除被淘汰的想法。

最后研究者得出结论：这三个神经网络之间的活动关联性越强，大脑越可能产生好的创意。事实上，那些答案更为新颖的受试者后来也被证明拥有更多激发创造力的爱好和习惯。可见，那些更有创意的大脑，更擅长调动它们三者协同运作。这就是创造力产生的生理原因。当然，这并不否定后天的努力。

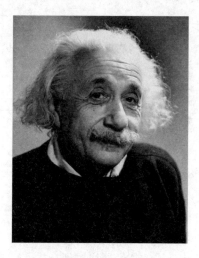

图 1.8　爱因斯坦

如果说在数万年的人类发展史上，大脑的进化从未停止；那么，在一个人有限的生命中，大脑的发育也一直在进行。

信息在人脑中从一个神经元向另一个神经元传递的结合点被

称为突触。而大脑发育过程的主要表现就是突触的增添和消失。与突触的产出过剩和消失不同，突触的增添过程涵盖了人的一生，在人的晚年会表现得愈发明显。

人们通过研究还发现，人脑突触增添的过程是由人生经验驱动的。一个人接触信息的类型和数量体现了其大脑神经细胞间的联结程度——大脑的组织结构，而这又直接影响了大脑组织功能的发挥。可见，用脑方式决定了大脑的发育方向。

爱因斯坦说："谁要是不会感动，谁要是不再对世界有好奇心，不再有惊讶感，就无异于行尸走肉。"科学研究证明，积极、热情的心态也能起到刺激并强化大脑功能的作用，能帮助人们开启感情系统，刺激大脑的创造力。可见，创造力是需要土壤的，只有善于发现，积极地生活，大脑的功能才会因为充满热情而愈加发达。

6. 关于大脑你还要知道……

你有没有觉得大脑是身体里"最熟悉的陌生人"？我们每时每刻都在和它亲密接触，但却对它知之甚少。长久以来关于它的各种传言和推测也层出不穷，它时而被认为无所不能，时而又被描述得脆弱不堪。那么大脑究竟还有哪些我们不知道的秘密？有哪些关于它的传言需要更正呢？

（1）大脑有多大

成年人的大脑平均重量约 1.4 千克，有人将其描述为牙膏或者豆腐状。颅骨内的空间大约 80% 是大脑，而等量的血液、脑脊髓液、缓冲神经组织的透明液体填充了其余部分。倘若将所有的脑组织、血液等混合，它的容量约为 1.7 升。

考古学资料告诉我们，5 000 年前的人类大脑比现在要大。虽然研究人员并不确定大脑为什么会萎缩，但有理论认为它们演变得更有效率，也更有质量。有人认为这和饮食结构的变化有关。

（2）大脑是什么颜色的

这个问题恐怕除了有专业医学背景的人，谁都不会知道。我们最多就是在极个别场合看到过放在罐子里的大脑标本，在多数时候都是白色、灰色或黄色的。而事实上，人头骨里活跃的、有脉动的大脑并不只是一种单调的颜色，有灰色、白色、黑色和红色。

其中，灰色的成分被称为灰质，存在于大脑的各个部位（以及脊髓），由不同类型的细胞组成；大脑也含有白质，由连接灰质的神经纤维组成；黑色的成分被称为黑质，它是基底神经节的一部分，是一种特殊的与皮肤和头发颜色相同的色素；而红色的部分是大脑中的血管。

（3）大脑有没有痛觉

电影《汉尼拔》中有一个场景：汉尼拔·莱克特将一名 FBI 探员的大脑部分切除，尽管做了麻醉，但探员依然保持清醒，并且稳坐在餐桌旁。莱克特对惊恐万状的克拉丽丝·史达琳说："看看，大脑根本感觉不到疼痛。"

科学研究发现，大脑内没有疼痛感受器，所以医生可以在患者保持清醒的状态下进行脑外科手术，同时不破坏大脑的视觉和运动控制功能。我们之所以能够感到头痛是因为头部的其他结构有相关的痛觉感受器，比如颈部、面部和头皮处的血管、肌肉及神经组织。

（4）记忆是准确无误的吗

记忆可能非常不可靠。人的记忆常含有错误、空白、错误暗示和近似的内容，通常会随着时间的流逝而衰退。不得不承认，大脑并不是完美的电脑似的数据存储设备，而是容易出错的肉质器官。

例如，在"9·11"事件发生 7 个星期后，有调查发现 73%的曼哈顿大学生认为自己在当天看到了第一架飞机撞击世贸中心的镜头。然而这是不可能的，因为该组镜头直到 9 月 12 日才公之于众。

《史密森尼》杂志曾经描述："当记忆被频繁唤起时，它们最容易变得扭曲。并且这可能意味着，回忆越重要、回忆的次数越多，就越可能出错。重要的回忆一直伴随着你，而它们一遍一遍在你脑中重演，却可能离事实越来越远了。"

此外，短期记忆靠第一印象，长期记忆靠有规律的重复。

（5）大脑有性别差异吗

研究发现，女性左右脑之间有厚厚的神经纤维连着，交流的时候，往往左右脑都要使用。另外，女性的语言系统通常比男性发达，女性之间会产生更多的交流，靠更多地使用语言技能巩固彼此的关系。

而男性左右脑之间的神经纤维比较稀薄，他们在交流的时候通常只使用一边。男性之间更喜欢用一起做事情的方式来巩固彼此的关系。

但在大多数情况下，男性和女性的大脑都是相似的。2005 年美国心理学家对性别差异的研究分析发现，在其他研究中报告的 78%的性别差异中，性别对行为的影响处于小或接近无的范围。

（6）人老了，大脑会停止发育吗

1991 年，曾经有一对名叫阿金和阿银的双胞胎老太太出演电视广告，在日本引起了强烈反响。当时两位老太太都已经近百岁高龄了，而且其中一位还患有轻微的老年痴呆症。然而，令人惊奇的是，在接受记者采访和在电视节目中出任嘉宾的过程中，两人的大脑却越来越清晰，不仅应对自如，甚至侃侃而谈。

这个案例的确让人感到惊奇，因为很多人认为随着年龄的增长，大脑的功能也会随之下降，老年人的记忆力和理解力都不及年轻时的一半。然而，科学研究告诉我们，人脑存在可以生长成新的神经细胞的"前阶段细胞"，即便年过七十，大脑仍然不会停止发育。

（7）压力会损伤我们的大脑吗

什么是压力？压力其实源自肾上腺素。在发生危险时，人的肾上腺素就会飙升；当危险解除后，肾上腺则会分泌另一种激素——皮质醇，用来中和掉肾上腺素，紧张感就会迅速消失。

日常生活中也是如此，人在遇到困难和不如意的事情时，肾上腺素就会一直保持在较高的水平，身体会进入慢性应激状态，使人感觉到有很大的压力。

压力有一个临界点，倘若没有超过临界点，适当的压力是有益的。反之，一旦超过临界点，长时间处于压力之下，就会引起认知受损，免疫力降低，甚至会发展成抑郁症。

（8）运动可以让头脑更聪明

与没有运动习惯的人相比，那些定期运动的人在认知上要明显高一个层次。

运动可以促使新的毛细血管生成，还可以增加血管宽度，让血液流通更加通畅。这样一来，就能给大脑提供更多的葡萄糖和氧，大脑的运作性能自然会提高。

（9）睡眠是对大脑最好的修复手段

海马体影响着我们的学习与记忆。当我们学习和记忆的时候，脑内的记忆信息很快就会饱和。奇妙的是，人的大脑自身拥有一种重启机制，海马体可以发出一种被简称为 SWR 的脑波，这种脑波可以在确保必要的大脑信息交换的同时关闭不必要的神经突触，由此来释放大脑的存储空间。而这种能够起到重启功能的脑波只有在睡眠的时候才能够释放，因此，睡眠可以帮助大脑恢复存储空间，高效清除脑内的代谢废物，从而恢复大脑的活力。

专栏：有关大脑的 N 个奇妙现象

A. 大脑喜欢整洁的环境。整洁的环境和爱清洁的习惯给予大脑外部环境的训练，并使其学会组织内部知识的技巧，记忆力由此得到提高。

B. 两根香蕉可支撑大脑一天。有研究显示，大脑一天之内消耗的能量比一台冰箱内的灯光消耗得还要少，两根大香蕉就足以提供。

C. 大脑集中精力最多持续 25 分钟。这只是对成人而言，所以每学习 20～30 分钟就应该休息 10 分钟。

D. 频繁倒时差会损坏记忆。不过，一般人不用过分担心，除非您在航空公司工作，否则很少有人会几乎每两个星期就横跨多个时区飞行一次。此外，轮班工作者也面临同样的风险，频繁改变工作时间也会给身体和大脑带来压力。

E. 人类每 70 天完成一次自我更新？至少大脑不是这样。绝大多数的神经元与我们的寿命一样长，负责嗅觉的神经元除外。

F. 电子枪战游戏有益大脑。很多玩家听到这个消息会开心吧。有研究显示，如果能持续紧张地处理多重任务，大脑同时处理多个事情的能力就会得到提高。这种游戏要求你将注意力在屏幕上进行有效的分配，这样你就可以迅速发现敌人并作出反应。

G. 人类的大脑由 140 亿个神经元构成，相当于银河系的恒星数量，连接神经元的突触数量超过 100 万亿个，数据存储量达到 1 000 太字节，是《大英百科全书》的 5 倍。

H. 大脑的密度和豆腐差不多。

I. 人不能自己挠痒自己笑。当别人给你挠痒时，本能会产生对抗恐惧的反应，这是人的小脑在起反应。当自己挠自己时，小脑也会给大脑发出指令：不要对这种刺激给予反应。

J. 大脑并不知道你不能做哪些事情，所以需要你告诉它。用自言自语的方式对大脑说话，但是不要提供消极信息，应多说积极的话。

K. 打哈欠让大脑变得清醒。人在打哈欠的时候，咽喉会扩张，从而使更多的空气进入肺部，也就意味着有更多的氧气进入血液里，人因此变得更为机敏。

L. 为何借酒浇愁愁更愁？酒精能影响记忆的形成，却无法抹去之前的记忆。

M. 大脑实际是身体最"胖"的器官，其中 60% 是脂肪。

N. 我们真的能控制自己吗？事实上大约有 95% 的决定是在下意识的状态下做出的。即便是在有意识的状态下，我们也会偶尔无法控制自己。为什么总忍不住去挠结痂的伤口？因为抓挠的过程中大脑会释放出内啡肽——一种让人成瘾的物质。

第二章
激活大脑潜能的思维工具

作为大脑这个神奇载体的产物，"大脑思维"是人类赖以生存的核心。每个人的大脑都是独一无二的，就如同世界上没有完全相同的两片树叶一样。大脑的思维潜力几乎是无穷尽的，随着人类探索的脚步不断前进，思维的能量也正在被逐步发掘。

聪明与愚笨没有本质的区别，思维方式往往决定终极的绝杀。拥有什么样的思维模式，你就拥有什么样的人生。

1. 思维——人类最本质的资源

"意志、悟性、想象力以及感觉上的一切作用，全由思维而来。"笛卡尔说。

人类的进化史对于很多人来说并不陌生，那么思维是什么时候开始出现的呢？或许有人会说我们拥有大脑，自然就拥有了思维。但是据研究表明，人类是在改造环境的过程中，而非让环境改造或者击败我们的过程中，进化出了智力，拥有了惊人的思考能力。

图 2.1　人脑思维创意图

人类学家将我们从本能感知到复杂思维的转变称为"现代人类行为"的发展，正是这种复杂思维活动最终产生了重塑人类生活和思考方式的文化。于是，人类开始带着求知、推理以及创造的渴望，历时数万年终于建造了一个属于我们自己的独特生态世界。

人类大部分时间仍然要依靠本能生活，当人类开始意识到自身与其他动物不一样，并且开始对生命和自然有了进一步的探寻时，人脑的运行方式已然发生了巨变：思维发芽了。如此，本能体验不再是人类的唯一追求，人类开始在好奇心的驱动下探索外界的所有规律，进入了判断、推理的高级思维阶段。这个过程不仅仅体现在人类种系的演化上，个体的发展亦不例外。

人的感知觉体验与复杂思维的区别就在于，感知觉是人脑对现实事物直接的、感性的反映；复杂思维是人脑对现实事物间接的、概括的加工形式，以内隐、外显的动作或语言形式表现出来。复杂思维的脑机制十分复杂，它在脑内对客观事物的关系进行多层加工，探索与发现事物的内部本质联系和规律性，是认知过程的高级阶段。

人们把思维过程分为有意识思维和无意识思维。无意识思维的容量很大，可以同时进行多重感知觉处理，能在短时间内处理大量信息，甚至很多信息还未进入有意识思维层面就被消化吸收。有意识思维系统的功能则在于处理无意识思维无法处理的信息。有意识思维被认为是人类进化的杰作，使人类具有了最有效率的认识与解决问题的方式。

科技是现代生活的主流，人类正在受益于复杂思维的果实，我们不由得为理性欢呼，是它筑造了今天的世界。然而，有一点似乎被人们忽略了，与有意识思维相比，无意识思维已经延续了数百万年。正是无意识思维赋予了生活意义，它是人类的生物本性所固有的心理活动方式，决定了人的需求。甚至迄今为止人类所取得的成就，终究是为了服务我们的本能需求。

因此，无意识思维孕育了有意识思维，而有意识思维创造的文明又滋生了人类更多的无意识欲望。

思维根据不同的特质，可以分为很多种类。从理论上说，分类越详尽越好，但有些思维方式在训练和应用上存在重叠。一般思维方式分类有以下几种分法：

一是直观动作思维、具体形象思维、抽象逻辑思维。

直观动作思维：又称为实践思维，是指在思维过程中要以具体、实际动作作为支柱而进行的思维，这种思维所要解决的任务目标一般总是直观的、具体的。

具体形象思维：是指在思维过程中借助于表象进行的思维。表象是这类思维的支柱。

抽象逻辑思维：是指在思维过程中以概念、判断、推理的形式来反映事物本质属性和内在规律的思维。概念是这类思维的支柱。

二是直觉思维、分析思维。

直觉思维：是未经逐步分析就迅速对问题答案作出合理的猜测、设想或突然领悟的思维。

分析思维：是经过分析后，对问题解决作出明确结论的思维。

三是聚合思维、发散思维。

聚合思维：也称为集中思维、求同思维，是指人们解决问题时，思路集中到一个方向，从而形成唯一的、确定的答案。

发散思维：也叫求异思维、分散思维，是指人们解决问题时，思路向各种可能的方向扩散，从而求得多种答案。这一过程

图 2.2 理性和创造力

是从给予的信息中衍生出多种信息的过程，因为发散思维使思考者不拘泥于一个途径、一个方法。

四是常规思维、创造性思维。

常规思维：也称再造性思维，是指人们运用已获得的知识经验，按现成的方案和程序，用惯用的方法、固定的模式来解决问题的思维方式。

创造性思维：是以新颖、独特的方式来解决问题的思维方式。

此外，我们在工作和生活经常会应用到的思维方式还有很多，如逆向思维、平行思维、系统思维、透视思维、批判思维、求异思维、递进思维、辩证思维等，这些都是人类大脑的杰作。

从直观动作思维到抽象思维，人的基因充满不断认识世界的欲望。越来越多的事情和工作需要我们运用高级思维去分析、判断、推理。总而言之，思维的进化给我们的启示在于：永远保有一颗好奇心，不断思考。

2. 形象思维——为你打开认识世界之窗

19 世纪末，科学家们开始向粒子发起进军。然而，由于粒子太小，一个阿尔法粒子的直径还不足一万亿分之一厘米，用最先进的显微镜也无法发现它们，这成了当时摆在科学家们面前的一道难题。

青年物理学家威尔逊决心要攻克这个难题，让粒子有迹可循。他联想到自己以前研究气象学的一段经历。1894 年，威尔逊受国家气象局的委托，来到位于苏格兰那维斯山顶的天文台研究大气物理。每天清晨他都能看到初升的太阳从层层迷雾中透过来的美丽光芒。于是他想，能不能创造一个人工的云雾室，让粒子在云雾中显示出自己的运动轨迹呢？

由于他有大气物理知识的基础，了解水蒸气凝结成水珠的条件。他设想如果让一束带电的粒子流射进一个云雾室，粒子经过的路径中的水汽就会很快凝成水珠，从而产生一道雾，粒子的行踪应该就可以被肉眼清楚地捕捉到了。

经过一段时间的实践，威尔逊终于造出了能显示带电粒子行踪的云雾室，使神出鬼没的粒子终于留下了自己的轨迹。

这是一个形象思维的经典实例。

具体来说，形象思维又称"直感思维"，是指以具体的形象或图像为思维内容的思维形式，具有记忆时间长、记忆深刻、整体浏览、整体记忆的特点。它的出现远比后面介绍的其他思维形式要早。形象思维似乎更接近天然，更接近人的本能。即便在抽象思维广泛应用的现代社会，它依然大有用武之地。例如，作家塑造一个典型的文学人物形象，画家创作一幅图画，都要先在头脑里构思出这个人物或这幅图画的画面，这种构思的过程是以人或物的形象为素材的，所以叫形象思维。

形象思维是在对形象信息传递的客观形象体系进行感受、储存的基础上，结合主观的认识和情感进行识别（包括审美判断和科学判断等），并用一定的形式、手段和工具（包括文学语言、绘画线条色彩、音响节奏旋律及操作工具等）创造和描述形象（包括艺术形象和科学形象）的一种基本的思维形式。

其特点是具体形象性。按发展水平可分三种形态：

①学龄前儿童（3～6岁）的思维，只反映同类事物中一般的东西，不是事物所有的本质特点。

②成人在接触大量事物的基础上，对表象进行加工的思维。

③艺术思维，作家、艺术家在创作过程中对大量表象进行高度的分析、综合、抽象、概括，形成典型性形象的过程。

但是，形象思维不仅仅属于文学家和艺术家，它也是科学家们的有力助手，例如，物理学中所有的形象模型，像电力线、磁力线、原子结构的汤姆生模型或卢瑟福小太阳系模型，都是物理学家抽象思维和形象思维结合的产物。离开了形象思维，人所得到的信息就可能只是间接的、过时的，甚至不确切的，因此也就难以做出正确的分析和判断。

电影《恩赐妙手：班卡森医生》以世界著名的神经外科医生班·卡森为原型，讲述了一代名医的成长历程。电影中有这样一个片段，班·卡森决定给一对后脑相连的连体双胞胎婴儿做分离手术，但他经过研究分析后，发现无法解决在手术过程中两个婴儿大量失血的问题，所以一再推迟手术时间，直到有一天他想到水龙头开关限制流水的画面，想到了可暂时让心脏停止跳动从而停止供血，于是联合心外科医生成功进行了分离手术，两个婴儿都健康地存活下来。

这就是形象思维在解决生活问题中的妙用。

另外，再说到我们的汉字。从下面这些古汉字中，就可以看出我们的民族思维特点——形象思维。我们的象形文字、象形文化以它最初级最原始的文化模式锻炼并形成了中华民族的形象思维方式。

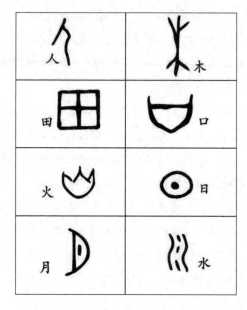

图 2.3　象形文字

　　想象是形象思维的较高级阶段，也是艺术设计过程中较为常见的思维方式。不过，想象力不是凭空产生的，它以人们的经验为基础，并且受社会历史条件和生活环境的制约和影响。比如"齐天大圣"有七十二般变化，但每一种变化都没有超越当时的科学发展和认识水平。他一个筋斗云十万八千里，却也不会超越光速。而电影《星际迷航》中的"企业号飞船"的速度已经远超光速了。

　　想象在学习过程和社会实践中有很重要的作用。爱因斯坦说："想象力比知识更重要，因为知识是有限的，而想象力概括着世界上的一切，推动着进步，并且是知识进化的源泉。"他16岁时曾问自己："如果有人追上光速，将会看到什么现象？"以后他又设想："一个人在自由下落的升降机中，会看到什么现象？"就是这种设想推动他去探索科学知识的奥妙，获得诺贝尔奖，成为世界上最伟大的科学家。

　　和想象一样，联想也是一种形象思维方式。通俗地讲，联想一般是由此人或者此事而想到彼人或彼物的思维。比如，郭沫若的《天上的街市》，就运用了大量的联想。可以这样说，联想思维丰富的学生，运用比喻、拟人等修辞手法会比较得心应手，同时记忆和写作能力也比较强。

　　总之，形象思维是一种不受时间、空间限制，能够极大地发挥主观能动性，借助想象、联想，甚至幻想、虚构来创造新形象的思维过程。它具有浪漫色彩，与以理性判断、推理为基础的逻辑思维有着鲜明的不同。

　　那么，如何训练形象思维？

　　首先，形象思维是建立在累积形象材料的基础上的。因此，我们在日常生活或者社会实践中，要尽量多积累在自然和人类活动中的事物形象。

1979 年诺贝尔物理学奖获得者格拉肖指出："涉猎多方面的学问可以开阔思想，像抽时间读读小说、逛逛动物园都有好处，可以帮助提高想象力，这同理解力和记忆力一样重要。假如你从来没有见过大象，你能想象出这种奇形怪状的东西吗？我这样讲，有的人听起来可能会感到奇怪。但是在我们研究物理问题的时候，往往会用到现实世界的各种形象。对世界或人类社会的事物形象掌握得越多，越有助于抽象思维。"可见，丰富的表象储存无论对形象思维还是抽象思维都有着重要作用。

其次，充分利用想象和联想。爱因斯坦说："想象力比知识更重要，因为知识是有限的，而想象力概括着世界上的一切，推动着进步，并且是知识进化的源泉。严格地说，想象力是科学研究的实在因素。"因此，不要束缚自己的想象，让自己尽可能多地进行生动的想象和联想活动。

3. 抽象思维——带你触摸事物的内在脉络

先来做两道逻辑思维题。

A. 一天，同住一栋楼里的小朋友们的闹钟同时停了，所有人都起得很晚。由于大人都出去了，家里又没有日历，他们就围在一起讨论今天是星期几。

玛丽：后天星期三。

汤姆：不对，今天是星期三。

迈克：你们都错了，明天是星期三。

杰瑞：今天既不是星期一，也不是星期二，更不是星期三。

大卫：我确信昨天是星期四。

安娜：不对，明天是星期四。

艾米丽：不管怎样，昨天不是星期六。

他们之中只有一个人讲对了，是谁呢？今天到底是星期几？

答案：七个人的观点如下：

玛丽：星期一；汤姆：星期三；迈克：星期二；杰瑞：星期四、五或星期日；大卫：星期五；安娜：星期三；艾米丽：星期一、二、三、四、五或六。

综上所述，除了星期日外，其他都不止一个人提到。因此，今天是星期日，他们都可以睡一会儿懒觉。

B. 有五个嗜酒如命的人，他们的绰号分别是"威士忌""朗姆酒""茅台""伏特加"和"白兰地"。某年圣诞节，他们每一个人都向其他四个人中的某一个赠送了一瓶酒；没有两个人赠送的是相同的酒；赠送的酒都是他们中某个人的绰号所表示的酒；没有赠送或收到的酒是他们自己的绰号所表示的酒。"茅台"先生送给"白兰地"先生朗姆酒；"白兰地"先生把自己的酒送给了"威士忌"先生。

请问："朗姆酒"先生所收到的酒是谁送的？

答案："朗姆酒"先生所收到的酒是"威士忌"先生送的。

"茅台"先生送给"白兰地"先生朗姆酒；"白兰地"先生送给"威士忌"先生伏特加；"威士忌"先生送给"朗姆酒"先生茅台酒；"朗姆酒"先生送给"伏特加"先生白兰地；"伏特加"先生送给"茅台"先生威士忌酒。

当我们做出解答后，不妨回忆一下整个思考过程，这种读取信息、进行分析和判断，最后进行解答的过程就是一次完整的思维活动。

正如前文提到的，人类认识世界主要通过两种方式：一种是感知觉体验，另一种就是思维——从已经获得的知识来分析推断出另一些知识。思维的过程就是我们"动脑筋""找答案""想办法"的过程，而且它一定和人的认知过程紧密联系，主要依靠大脑活动进行。否则，我们只能将它归于认识的第一阶段，也就是感知，而不是思维。

抽象思维是思维的高级形式，又称为抽象逻辑思维或逻辑思维。是一种利用概念，借助语言符号进行思维的思维方法。它的主要特点是通过分析、综合、抽象、概括等基本方法协调运用，继而揭露事物的本质和规律性联系。从具体到抽象、从感性到理性的认识必须运用抽象思维方法。

图 2.4　抽象思维

提到抽象思维就不能不提形象思维，作为一种更为古老的思维形式，形象思维主要是用直观形象和表象解决问题。它的基本单位是表象，它利用表象进行分析、综合、抽象和概括。当人利用已有的表象解决问题，或借助于表象进行联想、想象，通过抽象概括构成一个新形象时，这种思维过程就是形象思维。例如，人日常外出时要考虑环境、气候、交通工具等情况，选择出行的最佳路线以及着装等。

抽象思维是建立在形象思维基础之上的高级思维方式，可以解决本质、规律等问题。没有形象思维的存在和充分发展，抽象思维就不可能产生。

抽象思维的核心是概念，在概念中反映自然界或社会发展过程的内在本质。概念建立在事物本质上，是抽象思维的结晶。抽象概念的产生是基于大量的感性知识的积累。人们通过概念进行判断和推理。概念、判断、推理是抽象思维的基本形式。

抽象思维一般分为经验思维和理论思维。经验思维是指人们凭借日常生活经验或日常概念进行的思维。因为缺乏生活经历，经验思维经常在儿童身上出现，容易得出片面、错误的结论，如"在水里游的一定是鱼""穿制服的都是警察"等就属于经验思维。而理论思维是在科学概念和理论的基础上衍生出来的思维，这种思维活动往往能聚焦事物的关键特征和本质。

另外，思维活动是在大脑内部发生和进行的，它必须借助外在的载体才能表现出来。所以，人们常说抽象思维和语言是密不可分的。语言的表达形式分为语词、语句和句群。它们被形式化后就可以成为思维的逻辑形式。也就是说，思维形式与语言形式是相对应的。思维形式的概念、判断和推理都需要借助语言来表达。离开了语言，也就不存在抽象思维。

那么，我们应该如何培养抽象思维能力呢？

①掌握和运用好语言。语言本身就是一种基础的抽象，要学会给词语下定义，描述它们的抽象过程。

②学习数学。数学是高度抽象的，是人类认识宇宙的途径。有了数学，才有了现代文明的一切，因为科学就是能用公式表达的知识。

③要重视科学符号的学习和运用。

④和多种思维方法密切配合使用，尤其结合抽象记忆法、理解记忆法等方法系统训练，从而达到互相促进的效果。

4. 逆向思维——打破思维枷锁的利器

一位商人向哈桑借了 2 000 元钱，并且写了借据。然而当还款期限快要到时，哈桑发现借据找不到了。他焦急万分，因为没有借据，这笔钱很可能就要不回来了。哈桑的朋友纳斯列金得知此事给他出主意："你给这个商人写封信过去，让他到时把向你借的 2 500 元还给你。"哈桑听了迷惑不解："借据都被我弄丢了，要他还 2 000 元都成问题，怎么可能向他要 2 500 元呢？"尽管哈桑一头雾水，还是按照朋友的办法做了。很快，哈桑收到了回信，借钱的商人在信上写道："我向你借的是 2 000 元钱，不是 2 500元，到期就还你。"

这就是"哈桑借据法则"，也是生活中一个逆向思维的例子。哈桑弄丢了借据，担心借款人赖账。倘若按照常规思维，可能要走很多弯路，甚至大费周章后仍会毫无结果。但是，哈桑的朋友逆向思维的方法是：由借款人自己来提供"借贷关系存在"的证据，从而证明借款事实。

逆向思维也叫求异思维，它是一种对司空见惯的似乎已成定论的事物或观点反过来思考的思维方式。当大家都朝着一个固定的思维方向思考问题时，你却独自朝相反的方向思索，这样的思维方式就叫逆向思维。

由于事情都是按照时间的顺序在发展，所以人们习惯顺着一个固定的思维方向去思考问题，即从事物发展的"正方向"来思考问题的答案。而这种做法很可能成为一种"从已知走向未知"的过程。未知往往有太多可能，一味地从已知走向未知，很容易造成思绪混乱，时而想到事情的这种可能性，时而担忧另一种发展的可能性，却无法解决问题。

其实，对于很多问题从结论往回推，倒过来思考，从求解回到已知条件，就像"两点之间画一条线"一样，将目标与已知相连，自然更容易分析出如何到达终点，使问题简单化。逆向思维作为一种方法论，需要我们突破固有的思维模式去解决问题，就像"哈桑借据法则"中的纳斯列金的逆向思考方式一样。

据说，古代斯多葛学派的许多哲学家会定期进行一种被称为"预先检验"的练习，就是设想未来生活中可能发生的负面事件。比如，他们会想象自己失业、无家可归，或者遭遇意外，或者声誉被毁、失去社会地位。

这些哲学家认为，通过预先假设最糟糕的状况，他们就能克服自己对坎坷的恐惧和担忧，从而制订更全面的防范计划。大多数人都在关心自己怎样才能取得成功，而他们会同时考虑自己如何面对失败。

　　1820 年丹麦哥本哈根大学物理学教授奥斯特，通过多次实验证实了电流的磁效应。这一发现传到欧洲大陆后，吸引了许多人参加电磁学的研究。英国物理学家法拉第怀着极大的兴趣重复了奥斯特的实验。果然，只要导线通上电流，导线附近的磁针立刻会发生偏转，他深深地被这种奇异现象所吸引。

　　法拉第受德国古典哲学中的辩证思想影响，认为电和磁之间必然存在联系并且能相互转化。他想既然电能产生磁场，那么磁场也能产生电。于是，他从 1821 年开始做磁产生电的实验。经历了无数次失败后，他依然坚信从反向思考问题的方法是正确的，并继续坚持这一思维方式。

　　直到 10 年后，法拉第把一块条形磁铁插入一个缠着导线的空心圆筒里，结果导线两端连接的电流计上的指针发生了微弱的转动，电流产生了！

　　之后，他又设计了各种各样的实验，如两个线圈相对运动，磁作用力的变化同样也能产生电流。终于，他于 1831 年提出了著名的电磁感应定律，并根据这一定律发明了世界上第一台发电装置。

　　电磁感应定律的发现，是运用逆向思维的一次重大胜利。伟大的思想家、创新者都善用双向思维。他们会思考事情的对立面，偶尔也会逆向驱动自己的大脑。这种逆向思维的方式往往会为他们带来意想不到的创新机会。

　　美国著名的投资思想家查理·芒格是沃伦·巴菲特的合伙人和"黄金搭档"。查理·芒格在哈佛毕业典礼上做过一次精彩的演讲，其中有这样一段话："我发现的另外一个道理蕴含在麦卡弗雷院长刚才讲过的故事中，故事里的乡下人说：'要是知道我会死在哪里就好了，我将永远不去那个地方。'这乡下人说的话虽然听起来很荒唐，却蕴含着一个深刻的道理。对于复杂的系统以及人类的大脑而言，如果采用逆向思维，问题往往会变得更容易解决。"

当然，逆向思维并非主张人们在思考的时候脱离常规、不受限制地胡思乱想，而是让人从相反的思维取向中形成一种小概率思维模式，从另一个方向开辟新大陆。

那么，我们如何锻炼逆向思维的能力呢？因为人更习惯于花时间考虑自己想要的东西，而不是怎样规避自己不想要的东西，所以训练逆向思维的关键在于走出心理舒适区。克服从众心不景气消极影响，养成从反面思考的习惯。

具体的方法有以下三点：

（1）把一些经典故事或是童话进行改编，另立新角度。

（2）经常和同学们就某个问题聚在一起各抒己见，互相启发。

（3）养成总结归纳的习惯，不断丰富、强化各知识点的内在联系。

使用习惯的常规方式很简单、便捷，但一个经验用一辈子远不如忍受暂时的不适，训练出一个新思维来更有挑战意义。生活本身就是一个不断被打破再重塑的过程。

5. 发散思维——教你用思维撒网捕鱼

A. 给你一片树叶，你会想到什么？

孩子、男人、女人、老人会想到不同的东西，而不同的孩子、不同的老人又会不同，不同职业的人也会不同，还有不同的生活环境、不同的地域……也会不同。

是绿色，是椭圆，是希望，是好心情……

在画家的眼里，它是一幅美丽的画。

在音乐家的眼里，它是清新的音符。

在植物、生物学家的眼里，它是细胞，是植物机理，是生态。

在经济学家的眼里，它又是一种具有经济价值的新植物。

到了幻想家的眼里，它又有了新的可能，它看起来会是任何东西，没准儿是一个新的世界……

尽管只是一片普通的树叶，但一千个人看，会有一千种叶子、一千种视角，这就是思维多样性的价值。

B. 一只杯子掉下来摔碎了，你会想到什么？

物理问题：这是自由落体运动，多高才能碎呢？

化学问题：杯子里装着酒精，掉进了火堆里。

经济问题：那是刚买的，现在碎了还要再买。

语文问题：你让我心碎，就如同这只杯子一样。

社会问题：杯子从大厦顶掉下，砸伤了一个人，被紧急送医。

心理问题：破碎的声音触动了一个女孩，于是她花了一下午的时间去查询"为什么噪声会让人紧张"。

情感问题：那是男朋友送给自己的情侣杯，这可怎么办呢？

时间问题：这只杯子原本在离家很远的一个超市买的，现在不得不花几个小时去再买一只。

历史问题：那是乾隆用过的杯子，有很多关于它的故事，是那些历史的唯一承载。如今破了，一段历史就这样彻底消失了。

以上是有关发散思维的两个例子，类似这样从不同的角度来观察和思考一个问题的做法所体现出来的思考方式就是发散思维。

1950年，发散思维的概念由美国心理学家吉尔·福特首次提出。时至今日，发散思维依然被人们重视，并得到广泛应用。

发散思维，又称辐射思维、放射思维、扩散思维、求异思维，是指大脑在进行思维活动时呈现的一种扩散状态的思维模式。它是一种从不同方向、不同途径和不同角度去设想的开放式思维方式，是用同一材料来源从一个思维出发点探索多种不同答案的思维过程，它能使我们产生大量富有创造性的想法，并且摆脱习惯性思维的束缚，最大限度地释放大脑潜能，使思维趋于灵活多样。

发散思维表现为思维视野广阔，思维呈现出多维发散状。如

"一题多解""一事多写""一物多用"等。有心理学家认为，发散思维是创造性思维最主要的特点，是测定创造力的主要标志之一。

图2.5　发散思维创意图

发散思维可以帮助人不再局限于问题本身，而是找出其中的关联性。因此，具备发散思维的人在观察事物的时候，往往会抓住各种各样细枝末节的线索，进而扩展思路，发掘出事物的规律和更多的可能性。

缺乏发散思维的人往往固守一个想法，不肯进行更多的思考，获得一个结果就放弃了思考其他可能性，如此就容易形成懒惰的思维习惯，创新更无从谈起。

发散思维具有以下三种特性：

（1）流畅性

流畅性可以使人在短时间内获得大量的思路，行云流水一般产生许多富有创造力的想法。心理学家克劳福德建议用属性列举法来训练思维的流畅性。

（2）变通性

变通性要求人重新审视现有的信息，以不同的角度看问题，找寻同质的替代物，这些同质的替代物可能是类别截然不同的事物。选择变通的事物越多越快，表明了人跨域转化的能力也就越强。

比如当我们探讨砖头的用途时，你可能和多数人的回答一样，说砖头能砌墙建房。因为这是砖头最常见的作用。然而经过思维变通以后，你还能提出砖头可以做成磨刀石，此时就跳出了建筑类的思维局限。

（3）独特性

顾名思义，独特就是指别人想不到的、新颖的、非凡的。独特性是发散思维的最高目标。

（4）多感官性

发散性思维不仅运用视觉和听觉，而且也充分利用其它感官接收信息并进行加工。发散思维还与情感有密切关系。如果思维者能够想办法激发兴趣，产生激情，赋予信息以情感色彩，会提高发散思维的速度和效果。

在当今这个高度信息化、知识化的时代，创新精神和创新意识已成为一种稀缺资产。大到估值过10亿美元的"独角兽"公司，小到我们学生的作文，只要有创新，往往就能脱颖而出。而训练发散思维往往是培养创新能力最有效的方法之一。

《水煮三国》一书中，有个"卖梳子给和尚"的小故事，完美诠释了发散思维的优点。

"为了选拔真正有 ABC 效能的人才，公司要求每位应聘者必须经过一道测试：以赛马的方式推销 100 把奇妙聪明梳，并且把它们卖给一个特别指定的人群：和尚。这道立意奇特的难题、怪题，可谓别具一格，用心良苦。

甲先生说，他跑了三座寺院，受到了无数次和尚的臭骂和追打，但仍然不屈不挠，终于感动了一个小和尚，买了一把梳子。

乙先生去了一座名山古寺，由于山高风大，把前来进香的善男信女的头发都吹乱了。乙先生找到住持，说："蓬头垢面对佛是不敬的，应在每座香案前放把木梳，供善男信女梳头。"住持认为有理。那庙共有 10 座香案，于是买下 10 把梳子。

丙先生来到一座颇富盛名、香火极旺的深山宝刹，对方丈说："凡来进香者，多有一颗虔诚之心，宝刹应有回赠，保佑平安吉祥，鼓励多行善事。我有一批梳子，您的书法超群，可刻上'积善梳'三字，然后作为赠品。"方丈听罢大喜，立刻买下 1 000 把梳子。

公司认为，三个应考者代表着营销工作中三种类型的人员，各有特点。甲先生是一位执着型推销人员，有吃苦耐劳、锲而不舍、真诚感人的优点；乙先生具有善于观察事物和推理判断的能力，能够大胆设想、因势利导地实现销售；丙先生呢，他通过对目标人群的分析研究，大胆创意，有效策划，开发了一种新的市场需求。由于丙先生过人的智慧，公司决定聘请他为市场部主管。"

可见，发散思维存在的价值就是追求多样化的结果。我们的思路越开阔，选择的余地越大，就越容易找到解决问题的最佳办法。

那么，怎样培养发散思维呢？

①充分发挥想象力。想象力和思维能力是密不可分的，想象是人脑创新活动的源泉，联想使源泉汇合，而发散思维就为这个源泉的流淌提供了广阔的通道。只有思想不被凝固和限制，才能设想更多的可能性。

②不仅要熟悉知识的纵向联系，还要熟悉知识的横向联系、逆向联系，从而做到举一反三、由少见多。

③淡化标准答案，启动多向思维。解决问题时，不要陷入常规的思考模式，不妨尝试用代入式的方法看问题，视角不同收获也不一样。

④结合逆向思维推演。逆向思维可以帮助人们积极突破常规，通过转换思维方向破解难题。

6. 系统思维——为你搭建高格局视角

（1）可口可乐的局限

在2000年前后，可口可乐公司的数据显示，每生产1升可乐，要消耗3.3～3.5升水。为了节约用水，公司设定了一个目标，要在目前用水的基础上减少30%。当时，世界自然基金会是可口可乐的合作伙伴，该基金会纠正了可口可乐公司的数据，可口可乐公司每生产1升可乐，实际消耗200多升水。这是因为制作可乐要用糖，多出来的那200多升水，80%都用于种植糖原料。

而可口可乐公司没有发现这一点，是因为种植糖原料不是他们业务的一部分。公司只知道在哪能买到最便宜的糖，至于种植糖原料，他们不觉得这是自己的事情。可见，想要看到更大的系统，就需要了解系统的边界在哪里。

节水事件发生一年后，可口可乐和竞争对手雀巢形成了一个协作的共同体，计划帮助行业内减少水的浪费。其做法是通过促使政府出台一系列政策，减少种植部分浪费。因为采用传统的种植灌溉方法，大部分水在浇灌后在很短的时间内就蒸发了。倘若采用一些更高成本的灌溉技术，就能减少水的浪费。而灌溉节约的钱，完全可以从糖的售价里体现出来。

（2）被淹死的人

冬天，有个人掉进了瀑布下面的旋涡之中。倘若不能在一两分钟之内游出来，就会被冰冷的水吸尽身体的热量。由于这个人平时都在游泳池游泳，他下意识地往岸边游，可是没游出几米，就被旋涡重新吸了回去，几分钟后就丧生了。没多久，水流就把他冰冷的尸体推到了岸边。

这个人在生前拼尽全力也未能成功的事情，却在死后的短时间内实现了。为什么？

因为旋涡的原理是越往边缘吸力越大，最好的办法就是游到底部再出来。而这个人遵循平时在游泳池里游泳的经验，没有考虑系统中环境已然不同，就越游越远，越游越累，归根结底是缺乏系统思维葬送了自己。

上面两个案例说明了系统思维的重要性，也让我们对系统思维有了初步的认识。那么，下面我们就来看一下系统思维的概念。

1990年，彼得·圣吉在他的著作《第五项修炼》中首次提出系统思维，他也因此跻身当代最杰出的管理学大师之列。而《第五项修炼》更是被《哈佛商业评论》评为过去75年中影响最深远的管理学书籍之一，其中系统思维就是最核心的观点。

所谓系统就是一个封闭运作的，能够自我完善且能够保持动态平衡的物品集合。系统思维就是对事情全面思考，不就事论事，把想要达到的结果、实现该结果的过程以及对未来的影响等一系列问题作为一个整体系统进行研究的思维方式。系统思维是一种逻辑抽象能力，也可以称为整体观、全局观。

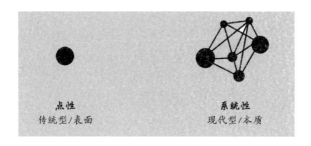

图 2.6　个体与系统创意图

　　由于系统是由两个或两个以上的元素相结合的有机整体，这个整体并非其局部的简单叠加，因此系统思维要求人们考虑解决某一问题时，不是把它当作一个孤立的问题来处理，而是当作一个有机关联的系统来处理。

　　积木是生活中很常见的玩具，有些人只能用积木拼出一些简单的造型，而有些人却可以搭建出结构复杂的建筑模型。其实，搭积木这项看似简单的游戏却能考验一个人的系统思维能力。在擅长系统思维者的眼中，这些积木是一个复杂而庞大的整体，而不是一般人眼中一个个分散的零件。

　　分享一个案例：

　　麻省理工学院系统动力学教授约翰·史德门曾在美国某航空公司营运状况良好的情况下预言其必然倒闭。言论一出引起了很多人的质疑，甚至有人说他这是对公司的诅咒。然而，正如教授预测的一般，两年后这家公司真的倒闭了。

　　他的"诅咒"真的发挥了魔力吗？事实上，他只是系统地观察了这家航空公司的"内部结构"，结果发现其盲目地追求发展，导致内部组织结构出现了很多问题，而对于一家大规模的公司而言，一旦内部组织结构出现了问题，后果往往不堪设想。

世界本就是个复杂的系统，每一个环节的问题都会影响到其它环节以及整体的结果。整体出现的问题，可能是一个或者多个因素导致的结果。如果习惯了用单向因果、线性思维去思考世界，就会深深困在框架内。想要做到"俯瞰全局"，就需要系统思考事情的整体情况，找到相互联系和相互排斥的很多方面，只有这样才能找到更切合实际的正确方法。

因此，要想提升系统思维能力，需要做到以下几点：

①将所面对的事物或问题作为一个整体或者系统来加以思考分析，从而获得对事物整体的认识。

②学会在非线性的世界里看到因果的互动，抛弃直线片段式的思考方式。因此，对系统性问题，我们要看到关键因素及其之间的互动，把握关键因素，避免结果产生偏见。

③厘清结构，聚焦重点。我们做决策的时候往往会出现两种错误，一种是过于草率，冲动决策；另一种是犹豫不决，拖延误事。因此，面对问题要先找到系统的结构，然后根据结构找到可以以一带多的重点或是抓手，把所有力量聚集在抓手上，就可以事半功倍。

彼得·圣吉在《第五项修炼》一书中指出，今天，系统思维比以往任何时候都更重要，因为我们面对复杂局面的压力越来越大。"站得高，看得远"，系统思维就是在搭建解决框架，帮助人走出视野的局限。当我们站在一个能够俯瞰全局的位置上，自然可以更好地把握事情的发展。

7. 思维导图——给你一把"大脑瑞士军刀"

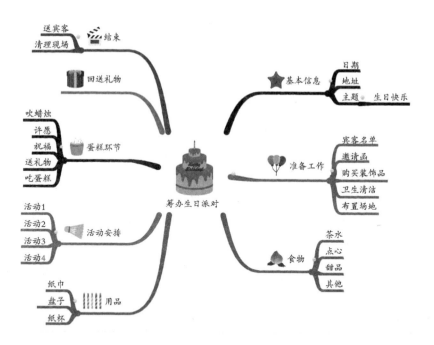

图 2.7 思维导图 A

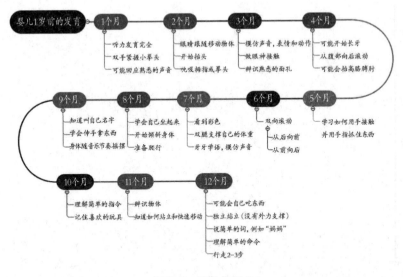

图 2.8　思维导图 B

　　以上两张图就是思维导图的示例。随着近年来思维导图越来越被人熟知，很多人已经对它有了初步的了解，或者已经把它应用到了自己的工作和生活中。思维导图是由英国"记忆之父"东尼·博赞发明的思维工具，对大脑潜能的开发有极大的帮助，已在全球的很多领域内掀起了一场超强的大脑风暴，被称作"大脑瑞士军刀"。

　　思维导图又叫心智图，是一种把人们脑中的想法用彩色的笔画在纸上，用来表达发散思维的有效的图形思维工具。它运用图文并重的技巧，把各级主题的关系用互相隶属与相关的层级图表现出来，把主题关键词与图像、颜色等建立记忆连接，充分运用左右脑的机能，利用记忆、阅读、思维的规律，协助人们在科学与艺术、逻辑与想象之间平衡发展，从而开启人类大脑的无限潜能。

　　思维导图的放射性结构反映了大脑的自然结构，通过笔记形式展示出来的思想快速延伸，从而得到一张清晰准确的图。这种既可以让想法快速而深刻地生发出来，又能清晰地聚焦核心主题的方法能促进思维可视化，从而最大限度地开发我们的大脑潜能。提升我们学习、记忆和记录信息等能力。

　　思维导图具有以下几个特点：①绘制思维导图需用彩色笔；②有从一个中心发散出来的自然结构；③使用线条、符号、词汇和图像等元素；④遵循简单、基本、容易被大脑理解和接受的规则。

　　有没有发现，思维导图的结构和式样与我们熟悉的城市交通地图类似？我们的核心思想主题就像是城市的中心，从这个中心发散出来的分支就是思维过程中的要点，下一个级别的分支则代表重要性低一些的要点，以此类推。其中，你的兴趣点或者关注点可以用一些特殊的图形或者标记来表示。思维导图的绘制之所以要用到各种颜色，是因为在确定了中心图形后，有很多从中心辐射出来的分支，彩色可以将一长串单调的信息变成丰富多彩、便于记忆的图画，使它接近大脑平时处理事物的方式。

　　现在就开始思维导图的准备工作吧：

　　一张白纸；

　　彩笔数支；

　　你的大脑；

　　你的想象。

　　这些就是最基本的工具，你还可以根据自己的习惯和喜好，在绘制过程中增加一些其他绘制工具，如彩色中性笔、更加醒目的荧光笔、软心笔或者钢笔等。

根据东尼·博赞的方法，绘制思维导图的步骤如下：

①从一张白纸的中心开始绘制，周围留出空白。从中心开始绘制，可以让你的思维向各个方向自由发散，并且更自然、自由地表达自己的想法。需要注意的是，绘制的时候，可以根据绘制需要调整纸张的方向。有的思维导图适合横着画，有的则适合竖着画。

②用一幅图像或者画面来表示中心思想。图像或者画面远比一张写满字的纸包含的信息多，而且图像对人脑的刺激更鲜明，有助于激发我们的想象力、强化记忆。

③在绘制中使用多种颜色。颜色和图像一样可以激发大脑兴奋，还能让思维导图增添跳跃感和生命力，让本来感觉有些枯燥的绘制过程变得更有趣味。

④将中心图像和主要分支连接起来，然后把主要分支和二级分支连接起来，并以此类推。

由于我们的大脑是通过联想进行思考的，倘若我们将分支连接起来，就很容易理解和记忆。同时在进行连接的时候，也为我们的思维创建了一个基本的结构。

这就如同大自然的树木，树枝从树干生出，向四面八方发散，彼此的连接让树木更加坚固。一旦大树的主干和主要分支或者主要分支与次分支发生了断裂，那么就会出现问题。

⑤让思维导图的分支自然弯曲而不是画成直线。与直线相比，曲线更能吸引大脑的关注，更容易刺激大脑记忆。

⑥每条线上都使用一个关键字词。所谓关键字词，就是表达核心意思的字和词，可以是名词也可以是动词。同时，关键字词

要有意义，是具体的，这样有助于记忆。

⑦自始至终不要离开图形。思维导图上的每一个图形，就如同中心图形一样，相当于 1 000 个词汇，因此，哪怕你的思维导图只有 10 个图形，也相当于你记录了近万字的笔记。这不仅帮助我们更好地记忆，还节省了时间。

此外，绘制思维导图也有一些自己独特的技巧要求：

绘制时，应先从图形中心开始，画一些向四周放射出来的粗线条。每一条线都使用不同的颜色；在绘制思维导图的时候，你可以添加无数根线；在每一个分支上，用大号字清楚地标上关键字词，当你想到这个概念时，这些关键字词就会立刻从大脑里跳出来。

要善于运用你的想象力，在每一个关键字词旁边，画一个能够代表它、解释它的图形。使用彩色水笔以及一点儿想象。不要追求把它画成一幅美术作品，只要它可以表达你的思维过程、容易被大脑识别就可以。

用联想来扩展这幅思维导图，并且根据你联想到的事物从每一个关键词上发散出更多的连线。连线的数量根据自己的想象力和需要来确定。

如此，一张属于你的思维导图就绘制成功了。利用思维导图这种形式可以全面加强事物之间的内在联系，强化记忆的同时使信息井然有序，更好被理解和使用，让我们的大脑更清晰地"明确自我"，从而全面提升思维技能，激发大脑的无穷潜力。

专栏：让大脑思维活跃起来的方法

（1）打好基础

企业管理中有一个"飞轮效应"：让静止的飞轮转动起来，最初你会花费很大的力气，每一圈都不轻松，而事实上，每一圈的努力都不会白费，飞轮会转动得越来越快。一旦飞轮达到一个很高的速度时，你将无须耗费更大的力气，飞轮就可以维持原有运动状态。

人也是如此，每当有新想法冒出来时，启动它往往费时费力，但如果因此放弃，思维就会陷入停滞。但如果我们前期克服一切困难，打好基础，努力将想法变成实际，之后就可以比较轻松地享受其带来的成果。

（2）敢于质疑

马克思曾说要"怀疑一切"，告诫人们不要盲目迷信权威，要永远保持独立思考的能力。当我们发现某一问题在逻辑上解释不通时，要学会质疑，不要就此罢休。质疑的过程就是思考的过程，它可以调动你的知识储备、逻辑分析和判断能力，从而让大脑的思维得到锻炼和提高。

（3）多接触一些趣味思维练习

多接触一些如脑筋急转弯、数独、灯谜、思维益智游戏、竞赛题等，因为这样的题目需要你动脑筋去思考，特别是脑筋急转弯更需要非常规的思维才能够解答出来。

（4）在辩论中锻炼大脑

在辩论中我们需要快速思考辩题，大脑的思维能力将会被极大地调动起来。尤其在对方提出问题之后，我们的大脑会把很多的东西都联想到一起，积极搜寻有力的证据去据理力争，这将有助于提高我们的大脑思维能力。

（5）战胜拖延

拖延带有强烈的情绪因素，有的人之所以拖着不去做某件事，就是因为面对任务感到焦虑，一直在逃避。当发现自己在拖延的时候，就要多关注自己的情绪反应，主动去寻找适合自己的能够释放情绪和压力的方式，更新大脑的节奏。

我们可以将事情的进度、对这件事情的预期、干扰行动的因素、拖延的后果以及干扰措施列出来，然后制定一个个小目标，并将其分解成几个小步骤，跨出小小的第一步同时学习记录时间，以及优化周围环境，使自己向有利于成功的方向推进。

（6）学会"一心多用"

"综合素质"如今已经成为一个人核心竞争力的集中体现。我们经常会遇到大量的工作和学习任务同时摆在面前的局面，这时候很容易手忙脚乱，一时找不到头绪。

事实上，混乱是一种常态，在混乱中找到条理需要的是结构化思维。这种思维方式的两个关键词是"分类"和"顺序"。因此，当所有任务一起压过来的时候，自己可以画一个表格，分清轻重缓急，用最科学的时间安排方法，逐个逐步去解决。

(7) 经常反思

围棋中有一个术语叫"复盘"，是指从以前的棋局中发现自己错误，在什么情况下犯的错误，为什么会犯错误，反思除了这种做法外还有哪些更好的解决办法。这样可以使我们不断发现自己的不足，在最短的时间里增长最多的经验，不断完善自我。

培养复盘思维并不容易，因为人的常规做法是不会去关注已经过去的表现，但复盘思维可以引领人们在回味过往的时候，自己指导自己，这样的反思会更具有针对性。

第三章
揭开记忆与大脑之间的秘密

记忆或许是人类拥有的最个性化的东西，它是连接我们的过去、现在和将来的"精神链条"，记忆的最深处就是我们自己。记忆力的延展性令人叹为观止，庞大的信息是对脑容量的极大挑战，而对这些信息有效地存储、整理并且规则地放置到记忆区，这种有条不紊的处理能力，是我们对大脑的期待和梦想。

1. 记忆不是理所应当的事情

有人把记忆比作自己的助手，它能带你找到回家的路，能帮你记起很久不曾碰过的英文，能让你次日准时参加会议……也有人这样描述记忆："记忆就像是一支侵略军，让过去的经历不断入侵现在的生活，这是件很幸运的事。"因为记忆，我们无须一觉醒来再重新学习这些信息。就连人类最独特的语言天赋，也得益于有效的记忆。研究发现，正因为记忆对人的大脑的广泛影响才使得人有了清醒的意识。

那么，记忆究竟是怎么一回事呢？

记忆力是人记住事物的一种能力，是人们满足知性快感的一种典型行为。它可以为我们提供不同时间发生的历史信息，存储下我们每天的动态以待需要的时候进行检索。从我们出生那一刻起，记忆就成了大脑固有的功能，直到生命的终结。

记忆在日常生活中往往被用来解决一些琐事，或是在工作学习中被用来获取知识等。久而久之，我们可能会认为它所能发挥的作用也就只有这些，其实不然，记忆的作用远不止于此。记忆有多张面孔，时而是这种形态，时而又是另一个模样。生活中的很多信息都是记忆带入我们的大脑形成意识的，它就像一张由影像、声音、气味、触觉、感受等织成的网，又像一个万花筒，里面有香味、花纹和声音……

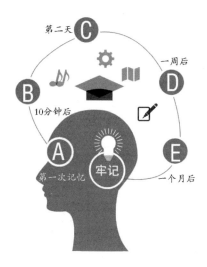

图 3.1 记忆周期

记忆不但应用广泛，而且功能也十分强大。它在引导我们做自己熟悉的事情的同时，也可能处理其他的事情，还可能在很多层面展开工作。这个过程是在大脑里完成的，不同的信息会被接收并存储在不同的位置。比如，正在运行的记忆过程也被称为短时记忆过程，发生于大脑的前部；存储新的记忆发生在大脑两侧的颞叶；大脑皮质负责存储记忆；视觉信息通过眼睛进入大脑后面的枕叶，并在此进行加工；听觉信息则是通过耳朵进入大脑，由颞叶进行加工；立体三维图的信息是在大脑顶部的顶叶进行加工；还有一些特殊的区域进行情感记忆加工，以及负责语言和兴趣习惯记忆。

记忆的过程分为识记、保持、再现三个阶段：

（1）识记

指摄入记忆，就是将信息录入大脑的过程，任何记忆都始于对事物的识记。

在现实生活中，人们每时每刻都在与外界甚至自己进行信息的交换，不同种类、不同性质的信息通过各种途径反馈到大脑后，我们通常的处理方式都是看到了、听到了、感受到了而已。习惯性地忽略那些没有吸引自己注意力的事物。

然而，我们要想记住某一样事物首先就要做到识记。因此我们对事物的态度不能仅仅是粗略地看一看、听一听，而是要将其投射到大脑中的信息记录下来。倘若我们漠视它，这个信息最终必然被遗忘。

在这一点上，小孩子的记忆力往往要比成年人表现得更为出色。原因就是与成年人相比，孩子的识别能力明显要弱，他们需要从始至终认真地去观察、倾听和感受，这样投射到大脑的信息会更加深刻，记忆的效果就会更好。

（2）保持

指通过反复记忆，将大脑中所记录的信息反复回放，保证其自动稳定地存储在大脑新皮质中。

如果想让某个事物长久地留存在记忆中，强行保持是必不可少的。所谓强行保持，就是将我们新记住的信息与已经在记忆中留存的信息建立一种联系，而这种联系需要有足够的联想能力作为保障，这种联想越密切，识记的事物就越容易被存储在记忆中。

　　然而，仅仅依靠联想无法达到深刻记忆的目的。我们还需要像图书管理员给书分类一样将这些信息归类，以便需要的时候可以快速顺利地获取。不过我们的大脑可以自动地将这些识记的内容进行归类，这已经是大脑的习惯性功能了。

　　因此，记忆需要重复，并且这种重复需要通过经常与他人谈论或者反复回忆与之相关的信息来进行。

　　（3）再现

　　指再次提取记忆，也就是回忆。这个阶段是要让所存储的信息在需要的时候随时随地被提取出来。

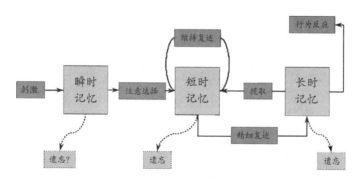

图 3.2　记忆需要反复练习

　　大脑是不能自动进行回忆的，为了可以快速想起某个事物，我们通常要在记忆的海洋中进行深入搜索。但这个过程往往没有章法，反而容易把记忆弄得更模糊。因此我们要提高自身的归纳能力，使我们的记忆更有条理，同时反复加深记忆的程度。以便在需要的时候能够顺利提取。

简言之，大脑的记忆过程就是，事物首先通过外界的反应在大脑中留下记忆的痕迹，再经强行保持后由短时不稳定记忆状态逐步转化为长时间牢固状态，并被存储下来，最终存储在大脑中的记忆痕迹通过回忆加以重现。

2. 大脑的记忆规律

"我是多么希望拥有这样的才能，在一天之内把这个图书馆的书都读完；我是多么希望具有强大的记忆力，使一切读过的东西终生不忘。"这是俄国著名文艺批评家杜勃罗留波夫表达的愿景。一直以来，博闻强识都是人们对自身的渴望。如果人类没有记忆，就没有智慧活动可言。古希腊的一位诗人也说过："记忆是智慧之母。"

然而，记忆并不是一件一劳永逸的事情，它和遗忘往往共同存在。倘若你能回忆起从前发生的某件事或者某样东西、某个知识点，那就说明你记住了；反之，倘若你一点印象都没有，或者回忆出现错误，那么说明你把它们遗忘了。假如我们能了解一些关于记忆和遗忘之间的规律，就能让记忆这件事变得不那么困难。

在对记忆的研究中，最有名的是德国心理学家艾宾浩斯所做的对长时间记忆和遗忘规律的研究。遗忘曲线描述了人类大脑对新事物遗忘的规律，人们可以从遗忘曲线中掌握遗忘规律并加以利用，从而提升记忆能力。

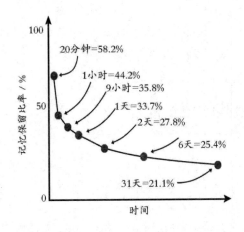

图 3.3　艾宾浩斯遗忘曲线

从中我们可以发现：遗忘速度最快的区段是 20 分钟、1 小时、24 小时，分别遗忘 42%、56%、66%；2 ~ 31 天遗忘率稳定在 72% ~ 79% 之间；遗忘的速度是先快后慢。

由此显而易见，我们学生在复习的时候，最佳时间是记材料后的 20 分钟到 24 小时，最晚不超过 2 天。过了这个区段因已遗忘了材料的 72% 以上，所以复习起来就"事倍功半"。我们在复习功课时，有时感觉碰到的好像是新知识似的，这就是因为复习的间隔太长了的缘故。

有人做过一个实验，两组学生学习一段课文，甲组在学习后不复习，一天后记忆率为 36%，一周后只剩 13%。乙组按艾宾浩斯记忆规律复习，一天后记忆率为 98%，一周后保持 86%，明显高于甲组。

我们不妨根据艾宾浩斯遗忘规律来巩固记忆。首先，识记 5 分钟和 20 分钟后对识记内容进行重复，并确认自己是否牢记；1

小时后，再次进行确认，6～12小时内再确认一次，24小时后再确认一次。在遗忘最快的时间内反复确认识记的内容，哪怕是再没有意义、没有关联的外文单词，只要重复记忆达到一定次数，也会达到记忆的最佳效果。

此外，遗忘的过程除了受到时间因素的制约以外，还被其他因素所影响。人最先遗忘的是不重要的、不感兴趣的、不需要的信息，并且不熟悉的信息被遗忘的速度更快。有调查显示，成人对无意义的音节遗忘速度是最快的，而对散文的遗忘速度相对较慢，韵律诗则最慢。

记忆的过程同样受到这些因素的影响。艾宾浩斯在有关记忆的实验中发现，记住12个无意义音节，平均需要重复16.5次；记住36个无意义音节，则平均需要重复54次；而要记忆6首诗中的480个音节，却仅仅重复8次就能做到。这表明，具有一定意义的材料相对比较容易被记忆，而无意义的东西不仅记忆的时候比较吃力，日后回忆的时候也不轻松。

在追求快速记忆的同时，我们也要注意对记忆内容的消化理解，这样我们才能有效地运用这些内容，而不是仅将它们"硬塞"进大脑。俄国记者舍雷舍夫斯基拥有童话故事里描述的神奇的记忆力。他可以清晰无误地记得生活中发生的每一个细节，但凡他看过的、听过的，都能做到一一细数。这样的天赋足以让无数人羡慕不已，但令人遗憾的是，虽然他能记住自己接收的所有信息，却无法分析文字的隐喻和逻辑，无法提取重点、分清主次。这些记忆对他来说，仅仅是机械地储存在大脑里。因此，我们在记忆的时候一定要勤于重复，同时加深对记忆对象的理解，从而达到理想的记忆效果。

艾宾浩斯遗忘曲线是经过大量的反复测试后，得出的一个具有共性的群体规律。虽然每个个体的生理特点、生活经历和环境不尽相同，记忆习惯和记忆方式、特点也有区别，但是记忆规律可以具体到个人。了解了大脑的遗忘规律，我们就可以根据记忆存储规律对抗遗忘，发掘出适合自己的记忆方法，达到保持长久记忆的目的。

3. 观察是强化记忆的前提

仔细想一下，在我们的记忆中什么样的事物让人印象深刻？除了那些让我们感受独特的事件，以及对我们有特殊意义的物品，还有什么能让人记忆犹新呢？

不妨做一个实验，请试着用一把锋利的锥子在金属片上钻孔，你会发现越用力，锥子钻的孔就越深。其实，记忆的原理也是如此。印象越深刻，记得就越牢固。比如，你目睹了一架飞机坠毁、一次日全食，这当然是记忆深刻的；又比如，你一时疏忽轻信了某人，遭受了严重的财产损失，这也会给你留下深刻的印象。但是，现实中发生的大部分事情并不是小概率事件或者意外，它们很普通，没有动人的场景和跌宕的情节，我们要想对其产生深刻的印象，加深记忆，首先要做的就是观察。

我们记忆信息的过程一般可以分为两种，一种是自发的、主动的，另一种则是无意识的、被动的，但由于其印象深刻而自行出现的。精细的观察可以使我们达到让记忆自主进行的效果，因为这样的记忆往往记得更多、更准、更可能储存，记忆的效果也更理想。

　　对此，日本一桥大学社会心理学家南博教授在《记忆的秘诀》一书中有一段精彩的比喻："我们脑海中所存在的记忆，好像银行里的存款一般，假如银行里没有款项存着，无论怎样努力，也不可能有现金提取出来。这就等于我们所经过的事物，不把它储存在记忆中，就像要向银行提取现金而没有存款一样的道理……因此，我们要把经过的事物，像向银行存款似的储存起来，以备应用时提取。这样的储存，一般叫'铭记'。由自己想记忆某种事物或知识的意志作用而记忆的，则叫作'自发的铭记'。至于并没有想记忆某种事物或知识，但是因为印象强烈而记忆下来的，叫作'被动的铭记'……铭记也就是印象，要把印象储存在脑子里记忆下来，就必须有深刻的观察，因为一切事物经过深刻地观察后，才可能使印象深刻化。"

图 3.4　细心观察可让记忆更深刻

　　俄国心理学家巴甫洛夫提倡"观察、观察、再观察"，并将其作为座右铭，刻在实验室的墙上。达尔文曾评论自己说："我既没有突出的理解力，也没有过人的机智，只是在觉察那些稍纵即逝的事物并对其进行精细观察的能力上，我可能在众人之上。"那些智力卓越的人，观察力也一定非同寻常。比如科学家可以从平常的现象里发掘出非同一般的规律，艺术家可以抓取一瞬间的事物特征构思出动人的艺术形象等。

但是，想要拥有良好的观察力并非易事。观察不是简单地用眼睛看，因为你"看"到的有可能不是事实。比如在不少刑事案件中，几个现场目击者的证词往往大相径庭，给案件的侦破带来了不少困难，因为目击者对突发事件既没有事先的记忆意图，事发时又由于惊吓无法冷静地观察，这样就极容易在主观偏见中不自觉地歪曲了事实真相。

心理学家的实验表明，即使是训练有素的观察者，也很难把亲眼见到的事物准确无误地讲述出来。这是因为人们对自己亲眼所见的事物往往深信不疑，而在讲述的时候又通常会加入自己的主观想象。同一个场景，孩童和成人看到的完全相同，普通人和专家看到的也毫无区别，但是所引发的感受却是不同的。这是因为观察过程中，向大脑输入信息时会打一个烙印，其中包含着人对事物的理解和想象，而不仅仅是客观场景。因此对于同样的场景，他们的印象各有不同。

如果说一切思维活动始于记忆，而记忆又始于观察，那么倘若最初的印象是错误的，记忆无疑也是错误的。因此，观察事物不能拘泥于某些显著的外部因素，以免被表象迷惑，无法深入探究；也不能仅仅关注一些枝节，导致思维方向出现偏差；更不能以个人的主观喜好为出发点或者被某些既有的结论所影响。只有客观、系统、深入地观察事物，才能取得较好的效果。

要想获得较好的观察力，必须掌握以下观察要领。

①准备工作。要在观察之前做好准备，即预先制订观察的计划步骤。事物都处在不停的运动变化中，我们要观察的对象也会随之出现、变化、消失。因此，有意识的观察应配以周密的观察计划，以免因事物的变化而手忙脚乱。

②了解背景。要熟悉观察对象的相关背景资料。因为观察伴随着思考，思考需要有关的知识做对比、做判断依据。比如观察一座古建筑或是名人故居之前，了解一些背景知识，你在观察的时候，往往能更仔细，更会注意一些细节，记忆也会更加深刻。

③系统全面。要尽可能调动多种感官参与观察，观察要系统全面、聚精会神、反复琢磨，这样才能关注到细节。尤其要善于思考，思考的过程就是大脑神经细胞兴奋、新的暂时的神经联系形成的过程。有效的、真正的观察是观察与思考相结合，所以，观察的分析力、思考力训练对于提高观察的思维参与性是十分必要的。

④做好笔记。要勤于记录做好总结，为下一次观察打好基础。此外，在观察中还要注意实事求是，与自己原先的设想不符合时要尊重客观事实，多问几个"为什么"。

简言之，一个求知者对周围的事物观察得越仔细、越全面，就越能发现细节，越能对事物提出更多的"为什么"，从而不断提升记忆能力。

4. 联想打牢记忆的烙印

先来做两个热身练习。

A. "想象你的手里正拿着一个足球，它闻起来有一种新鲜的柚子味道，慢慢地把这两种感觉融汇到一起。接着，你想象一下，足球是果冻做的，它像钟表一样走动，尝起来有点儿像巧克力。"

请让这个形象在你的脑海里至少停留 5 分钟，尽量让它们生动起来。倘若感觉大脑无法集中精力，马上开始从头重复整个过程。直到你完全熟悉了这个练习，再进入下面的练习。

B. "想象一头身上有着白色斑点的灰色大象，它能像一只猫咪一样喵喵叫，它的味道像一块生姜，皮肤像是一根根刺人的荨麻，浑身散发出一股新鲜的咖啡豆的味道。"

继续前面的做法，让整个形象在脑海里至少停留 5 分钟，尽量使其生动起来。

现在，请再复习一下，试着回忆一下，足球……新鲜柚子味……果冻……钟表……巧克力，白色大象……灰色斑点……猫咪……生姜……荨麻……咖啡豆。你的想象越具体，印象就越深刻，也就越容易记住这些形象。

所谓联想，就是我们曾经经历的一部分进入主观意识中，这个经历的任何一部分都可以使我们回忆起其他部分。

生活中我们肯定有过这样的体会：一个平时成绩总是不及格，被人们认为脑子笨的孩子却可以准确无误地说出他热衷的赛车在整个赛季的表现，目前有哪些车队及车手，分别来自哪个国家。或许你对此不以为然，"没什么大惊小怪的，有兴趣就记得住"。然而，美国著名的心理学家威廉·詹姆斯对此有不同的解释。

詹姆斯认为，这个问题看上去是兴趣使然，而仅仅依靠兴趣是远远不够的。他指出，因为兴趣使得孩子时不时地回想起车队之前的比赛情况，而每一次回想都是对第一次印象的重复，同时当他又了解到最新的比赛时，之前在他脑海里的印象又会被重复一次。如此一来关于赛车的信息，包括车队的名称、车手的名字、赛况等都会通过不同的联想而印象深刻。

联想是唤起记忆重现的最佳途径。它不仅可以加深我们的记忆，还可以大大提高我们的创造力。这就是联想的神奇之处，你动用的感官越多、想象越具体，你的印象就会越深刻，这也是提升记忆力的关键。但如果要真正发挥联想的作用，还需要学会用最快的速度在不同的事物之间建立某种牢固的联系。而很多人不善于联想，问题并不在于大脑本身，而是因为一些干扰因素导致人磕磕绊绊，无法自由联想。

因此，在进行联想的时候，首先要学会排除干扰。一定不要因为干扰的存在就放慢大脑的思考或者试图完全清除内心的噪音，也不要试图让所有的联想都具有实际意义，你要做的就是将不同的事物联系到一起。

　　打个比方，提到"草莓"这个词，你的脑海里一定会立刻冒出一幅草莓的图像：一颗又大又红的新鲜草莓，带着绿色的叶。现在开始让大脑放松，自由联想，看看会出现什么奇妙的事情。草莓渐渐鲜活起来，没准你还可以闻闻它的味道，尝尝它甜不甜，数数它外面布满的小颗粒。再放松一点儿，你大脑里的联想会越来越丰富生动。你还可能回忆起自己某次和家人一起去采摘草莓的情景。当时你的心情是怎样的？和你同行的家人都穿什么衣服？当天有没有发生什么好玩儿的事情？由此开始，你的思维会一步步发散开来。此时的记忆会像发生了连锁反应一样，一个引发另一个，直到最后想到的事情可能和草莓已无一点儿关系。法国作家马塞尔·普鲁斯特就曾经用这种方式写过一本自传体小说《追忆似水年华》。

图3.5　从点到面的联想记忆

可见，自由联想可以帮助你的记忆迅速地在各种毫无关系的事物之间建立起牢靠、清晰的联系。同时，它并不是简单、一维的。你在联想时往往会加入一些情感因素，甚至在还没开始回忆时就已经产生了某种情绪。而一旦这种情绪形成，你的其他感官也会发挥作用，比如嗅觉、听觉等。再加上逻辑和创造力，再进行联想时，你的记忆能力将会大大提升。

那么，如果是两个并没有明显联系的事物，如何在它们之间建立某种联系呢？

我们可以通过想象，并且利用我们的经历形成联想，将二者结合起来。但是倘若没有过去的某些事物做参照，这个方法似乎就难以奏效了。我们的经历就是一种经验，它能帮助我们由一个概念联想到另一个概念。我们生活中所发生的一切都可以视为积木里的模块，恰恰是这些模块搭建起了人生的高楼。要想从一个模块过渡到另一个模块，就需要某种连接物。而要想在两个模块之间尽快建立起联系，就需要用尽可能少的连接物实现过渡。换句话说，要想从一件事情联想到另一件事情，最有效的方法就是直接找到二者之间的联系。

或许，我们会怀疑这样有些刻意的联想是否符合逻辑，其实这不重要，我们通过联想所建立的联系越是自然，大脑的两个半球对它的印象就越深刻。

5. 主动遗忘的下一站是更好地记忆

美国作家波兹曼在其著作《娱乐至死》中，提出了两种社会风险：奥威尔《一九八四》式的强权与赫胥黎"美丽新世界"式的欲望。"奥威尔害怕的是那些剥夺我们信息的人，赫胥黎担心的是人们在如汪洋大海的信息中日益变得被动和自私……"而我们现在所处的时代似乎恰恰与之不谋而合，信息过剩与我们真正需要的信息短缺同时并存。

或许你可以随口说出很多个明星的作品、角色、名字、星座，甚至包括他们的喜好。然而一旦问及你学业上的知识，却可能支支吾吾说不出所以然。记忆或许是这个世界上最神奇的事情，有时没有准备记住的东西往往在大脑里印象深刻；而拼命想要牢记的，却总是不经意间从大脑中溜走。那么，我们为什么会遗忘呢？

传统的观念认为，良好的记忆系统体现在记忆的信息更多，记忆的时间更长久。这种观点在很长一段时间内也得到了大部分神经科学家的认同。现实生活中人们为了提升记忆能力也穷尽各种方法，遗忘几乎成了人们最不希望出现的状况。然而，一项新的研究表明，人类大脑花费了巨大的"精力"让我们去遗忘。

我们的大脑每天都在记忆很多新的事物，而随着不断接触新的事物而产生新的记忆，遗忘无疑也是自然的。这种遗忘是必要的，大脑在不断更新记忆和经验的过程中，会保证自身更有效地工作。可见我们的大脑具有很强的可塑性和适应能力，它不仅可以加深某些存储在大脑中的记忆，还可以抑制或者弱化那些不重要、无意义的记忆。因此，大脑的主动遗忘是为了让我们更好地记忆。

研究发现，大脑的这种功能主要由前额叶皮质来完成，前额叶皮质掌控着大脑的记忆和遗忘。它可以削弱大脑中一些无关的记忆，释放出更多空间供大脑处理其他信息，因此对于人们需要的新信息的记忆就相对容易得多。

记忆这种活动十分复杂，很多时候它们与那些旧的记忆之间是相互联系的。为了让记忆的效果更好，我们就需要一系列的机制辅助我们筛选真正需要的信息，尤其是将有用的信息与那些无关的却和其他记忆有联系的信息区分开来。

美国作家庞德·克罗夫曾经在一篇文章中指出：人每日通过进食来摄取多种食物营养……当食物进入胃以后，经过恰当的消化与分解，于肠道中吸收营养，最后将残渣排泄出体外。而在这个过程中，任何一个环节出现问题，都会引发健康问题。其中最后的排泄机能往往是人们最容易忽视的，事实上它却意义非凡。试想，倘若只重视进食，而忽视了排泄，久而久之，人体势必难以承受。人的记忆也大体如此，在人的记忆系统中，遗忘主要就是负责排出信息，整理我们的大脑空间，以便其容纳新的东西。从这一点上来说，遗忘本身就是事关记忆系统强弱的关键所在。

图 3.6 学会遗忘创意图

博尔赫斯曾在其小说《博闻强识的富内斯》中描述了一个丧失了遗忘功能的人。主人公可以牢记生活中的每个细节，却无法区分哪些事情是重要的、需要的，哪些事情是无关的，无法进行归纳总结，这使得他备受折磨。生活的智慧往往在于懂得遗忘，因此才有了那句耳熟能详的名言："思维就是忘却。"

尽管遗忘并不受人欢迎，我们却不得不承认"遗忘有罪"的观念是一种偏见，是不科学的。遗忘是为了更高效地记忆，所以我们无须总是为了遗忘而感到担忧，也许那只是大脑让你抛弃无用信息的一种方式。

6. 年龄在大脑面前不是悲剧

美国有一位学者曾经在加州医学院图书馆里的参考书研究室工作。她年轻时拥有出色的记忆力，可以随意指出参考书中某一章节里的具体内容，甚至能将研究室里几乎所有的书都倒背如流。而当她 84 岁的时候，渐渐发觉记忆力明显减退，经常会忘记与他人约定的见面时间和地点等。

一直以来，人们普遍认为记忆力是随着年龄的增长而逐渐减弱的。有研究发现，人类的记忆力在 16～23 岁处于高峰阶段，此时的记忆错误率最低。我们也经常会听到身边那些上了年纪的人总是感叹自己的记忆力大不如前，而年轻人却很少这样感叹。就好比两个人都有丢三落四的习惯，一个是年轻人，一个是老年人，前者会认为是自己的习惯不好，需要改正，而后者则会认为是因为自己上了年纪。

科学家马里昂·佩尔姆特一直潜心研究老年人记忆，他发现六旬以上的人回忆和认知能力确实要比 20 年前弱，但是其记忆和认知事实的效果会比更年老的人好。这一研究结论似乎再次证实了记忆与年龄之间的重要联系。

　　然而从 1986 年开始，流行病学家大卫·斯诺登为了测试年龄对精神状态的影响，一直在明尼苏达州随访 678 位老修女的生活。这些志愿者的年龄从 75 岁到 104 岁，生活条件和环境基本一样，是一群很理想的研究对象。结果斯诺登发现，那些饮食健康、心态积极的修女罹患精神疾病的概率要比同龄人小很多。而最令人惊讶的是，好学的老人患老年痴呆症的比例明显下降。那些年轻时就擅长读写、表达能力良好的人，寿命也要长很多。

　　尽管现在各种统计资料显示，过了 24 岁后，随着年龄的增长，记忆力变得越来越差，然而这并不绝对：这里调查的对象是那些不去复习知识和不使用记忆技巧的人。英国记忆大师东尼·博赞教授曾对那些懂得记忆技巧并能正确掌握自己记忆节奏的人进行过测验和调查，却得出了不同的结论。

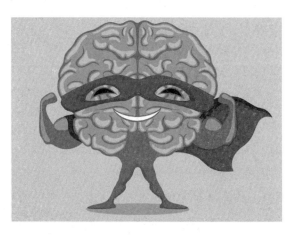

图 3.7　记忆力随年龄增长而减退是可避免的

　　更令人振奋的是，有调查显示，大概 1/3 的老年人对在生活中接触到的人名和事物的记忆与 20 岁的年轻人相差无几。这也意味着，记忆力随年龄减退这件事未必是不可避免的。

FBI 早在 20 世纪 70 年代就通过不断研究得出结论，一个年近七旬的老年人如果坚持学习和研究，他（她）的记忆力则会比一个四十几岁不善于思考和智力训练的人更好。

哥伦比亚大学的斯莫尔博士曾采用磁共振系统进行年龄与记忆研究，结果发现老年痴呆是神经连接出现障碍导致的后果，并非神经细胞死亡所致。那些脑萎缩患者的大脑细胞数量保持相对不变，神经末梢障碍是由神经递质短缺引起的；注射多巴胺代用品可以缓解这种情况，记忆力可以得到明显增强。但利用药物治疗来改变记忆力减退还不能从根本上解决问题，FBI 认为最科学的方式还是积极运用记忆策略或记忆术，经常用脑，保持智力活跃。

可见，关于记忆力与年龄是否成负相关的问题，答案应该是否定的。

正所谓"流水不腐，户枢不蠹"，动物的任何器官，勤使用会保持机能旺盛，人的大脑更是如此。勤用脑、善用脑，就能增加外界信息输入大脑的次数，保持脑神经细胞结构和功能的正常，激发大脑的活力。

科学实验表明，人的记忆功能确实会随着年龄的增长而加速衰退的进程。但是，导致这个问题的罪魁祸首并不是脑细胞功能减退，而是因为随着年龄的增长，人们逐渐降低了对周围事物的兴趣和关注度，是一种心理上的纵容。古人主张"博闻强识"，"博闻"可增强记忆，"强识"又可促进"博闻"，二者相辅相成，互相促进。

越来越多的证据表明，认知能力和记忆力下降最慢的人具有共同的特征，比如他们会定期参加体育活动，喜欢智力游戏，保持社交活跃度，能够自我调节压力和情绪，饮食健康，睡眠充足。

因此，当你因为年龄的增长感受到记忆力减退的信号时，不妨通过自我调整、自我训练来减缓和改善大脑老化的进程。

（1）让双手都动起来

习惯了使用右手，不妨尝试一下用左手做一些事情，让另一半大脑的传导束完成它不太熟悉的工作，这样对改善记忆很有效。

（2）试着多咀嚼

研究发现人的咀嚼是能有效防止记忆衰退的方法之一。咀嚼能使人放松，学习能力和记忆能力也会随之增强。

（3）多交流，勤唠叨

语言对大脑的作用不言而喻，而唠叨在语言运用中是比较特殊的存在。重复说某一件事情、某一个人，必然会因此而加深记忆。同时，语言是不可或缺的心理宣泄方式，可防止记忆衰退。

（4）充足的睡眠

每晚6~8小时的睡眠对中老年人来说非常必要，可以保证大脑得到充足的休息，大脑功能得到恢复。对机体而言，这个时长的睡眠也可以保证身体器官得到休息，降低患肥胖症、高血压、糖尿病、心脏病和中风的概率。此外，睡眠还能让大脑有时间去为记忆编码，也可以纾解精神压力。

美国约翰·霍普金斯大学医学院的神经学家、《理解性识记：改善记忆让你更聪明》一书的作者巴里·戈登是这样说的："得知岁数越大越聪明真是令人高兴。"年龄的增长不是坏事，大脑的状态取决于你的人生态度。因此，善用脑，不服老，年龄就不是悲剧。

7. 记忆管家——海马体

2017 年有一部国产影片《记忆大师》，讲述了男主人公江丰因手术意外被载入一段杀人犯的记忆，进而引发了一连串错综复杂的记忆拼凑而带来的惊险故事。影片中关于记忆消除这一部分很有趣，它抹去的不是记忆，而是伴随记忆的情感。这样一来，曾经感情受过伤害的人，在回忆时只能记起发生的事，而体会不到悲伤的情绪，就像在看发生在别人身上的故事一样。

很多观众都认为这只是科幻，事实上这是有科学依据的。人的大脑有这样两个区域，一个是海马体，它负责记忆；另一个是杏仁核，它负责控制情感。海马体记忆的是纯粹的事实，而杏仁核则保留了伴随事实的情绪"味道"。片中主人公的记忆消除，其实就是损毁了杏仁核，海马体工作正常，保留了记忆，但是感情创伤随着杏仁体被损毁而消失了。

那么，假设被损毁的是海马体，又会出现什么后果？我们不妨先认识一下海马体，再找寻答案。

海马体，又名海马回、海马区、大脑海马，它位于大脑丘脑和内侧颞叶之间，属于边缘系统的一部分，主要负责长时记忆的存储转换和定向等功能。海马区由两个海马体组成，而之所以被称为"海马"，是因为其形状和生活在海洋中的海马很相似。海马体的直径大约 1 厘米、长约 5 厘米，和成人的大拇指差不多大。

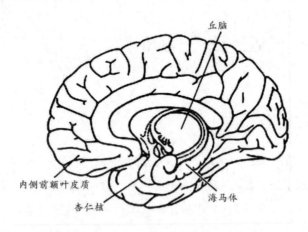

丘脑

内侧前额叶皮质

杏仁核

海马体

图 3.8　海马体示意图

海马体和计算机的内存类似，主要负责储存日常生活中的短时记忆，以便在使用的时候可以快速取出。如果一个记忆片段，比如一个电话号码或者姓名，在短时间内被重复提及，海马体就会将其转存入大脑皮质，成为永久记忆。它最擅长的就是帮助人们处理"叙述性记忆"、长期学习和记忆声、光、味等。

具体来说，记忆就是神经细胞之间的连接形态。然而，储存或删除某些信息，并不是出自有意识的判断，而是由人脑中的海马区负责。它在记忆的过程中充当转换站。当大脑皮质中的神经元接收到来自外界的各种感官或知觉信息时，它们会把信息传递给海马区。倘若海马区对此做了回应，神经元就会开始形成持久的网络；反之，这些信息就会自动被"删除"，也就是被忘掉。

存入大脑皮质的信息也不会保留太久，如果人长时间不反复提取和使用的话，大脑皮质也许就会把这则信息彻底清除。

匈牙利的神经学家布扎克博士在他的大作《脑的节奏》中，对海马体的作用进行了描述。如果我们把大脑比作一座庞大的图书馆，人脑记忆的内容比作一本本图书的话，那么海马体就是当之无愧的"图书管理员"。

"如果给你一个位置，我就能让你明确地检索到这个人。此外，我们还看到与该事件有关物体的区域被激活。所以说，即使这个物体与人物无关，你也无须去检索它，我们仍然可以想到这个物体。我们发现，这个'物体'区域的激活程度与海马体的反应有关，这意味着是海马体在实施这种完成模式，检索所有的回忆部分。"

科学家们研究发现，一旦海马体受损，就意味着大脑记忆的桥梁中断，人的记忆力将会受到明显的损害。这些人可能无法保存新事，甚至难以回忆旧事。有些人因治疗需要不得不通过手术摘除海马体，结果脑科学家通过对他们的跟踪观察发现，他们无法制造新的记忆，新记忆仅能维持很短的时间。曾经有一个名字缩写为 H. M. 的人，他的海马体在一次治疗癫痫的手术中被完全损坏，尽管癫痫有所好转，然而他却再也无法形成新的记忆。科学家正是通过对他进行大量记忆实验，逐步认识到了海马体在记忆的形成与提取过程中的重要作用。不过，海马体的损伤不会影响某些记忆，例如学习新的技能的能力，因为这是依靠另外一种记忆（程序记忆）和不同的脑区域。

此外，英国科学家研究发现，海马体受损的人除记忆力不好之外，想象能力也会变差。海马体受损者被要求想象未来的一次朋友见面或圣诞晚会，或者想象自己身处海滩、酒吧之中，但他们却表示自己无法在大脑中形成具体形象，取而代之的是一些分离的图像碎片。

大脑中的氧气含量直接影响海马体的活跃程度。随着年龄的增长，人生理上的老化会导致流入脑内的血液量不断减少，引起大脑供氧不足。一旦大脑长期处于缺氧状态，脑细胞就会因此而坏死，海马体的功能势必会下降，导致记忆力减退。很多一氧化碳中毒的人即便被救活，其记忆力也会遭受极大的损害，就是因为人在中毒后，体内的氧含量急剧下降，海马体供氧量不足导致细胞坏死。

海马体的功能衰退通常只对短期记忆有影响，因为我们的长期记忆是存储在大脑皮质里的，且呈分散状态。因此，即便出现脑细胞坏死的情况，存储记忆的大脑新皮质的细胞数量也远远多于海马体中的细胞数量，基本不会被波及。比如很多老年人虽然总记不住身边发生的事情，却能对多年前的事情如数家珍。

现在，前文假设的问题你知道答案了吗？

专栏：神奇的记忆魔法

（1）组块记忆法

心理学家研究发现，人的记忆广度为 7±2，也就是说，给你一个材料让你去记忆，一般情况下，把这个记忆材料分成为 7 个左右的小材料去记忆效果比较好。

（2）螺旋记忆法

很多人的阅读习惯都是从第一页读到最后一页，等终于看完了，对前面内容的记忆所剩无几了。这时不妨进行有针对性的阅读与选择性的复习记忆。与其一次投入大量时间从头到尾硬拼，不如缩短时间，将资讯切块，然后再做回圈式、由浅入深的反复记忆，这样不仅能加快记忆速度，还能加深理解程度。

（3）联想链记忆法

许多人在检视条列式的笔记时，经常会不记得当时是如何记录的，使得记忆时无从下手。这是因为一般的记录笔记缺乏逻辑性，只是将一堆碎片化的内容抄录下来，彼此间没有内在的联系。因此，在记忆的过程中，一定要设法先寻找或者理解内容的逻辑性，最好使其形成一个故事，将各项信息串成一条项链，只要能抓到第一环，最后一环也可以把握。

（4）罗马室记忆法

古罗马演说家西塞罗以旁征博引、说理清晰闻名，尤其是他在辩论时从不看笔记，只靠记忆。据说，他只要看到座位上的摆设或装饰物，就能想起关键论点，然后一口气背出好几大本数据。

罗马室记忆法就是在心里设计一个"房间"，迅速设想一下房间的形状、如何设计、在房间准备放置哪些东西；然后用一张白纸将你所有设想的东西画出来，在布置的注意事项上标注名称。最初你可以先标注几个特定位置的注意事项，然后随着记忆的程度再增加数量。然后将尽可能多的"物体"和各式"家具"填满"房间"，再将每件"物体"和"家具"与所要记忆的事物联系起来。

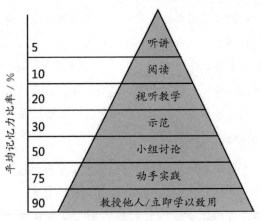

图3.9 学习·记忆·金字塔

（5）固定记忆法

固定记忆法就是将要记忆的东西和固定的数字 1～10 进行形象联想，达到快速记忆的目的。特点是比一般的记忆保存时间长，特别是顺序不变，能够迅速回答是第几项内容。快速记忆法的关键点是联想、强烈、关己。

（6）虚构故事法

当需要记忆数量比较多的信息和事物，并且这些信息和事物之间没有联系时，就可以把这些信息和事物编入一个故事中，帮助记忆。

（7）形象记忆法

形象感知是记忆的根本。利用形象记忆法可以很容易记住一些东西，而且这种记忆方式趣味十足，使人更容易接受一些新鲜事物。

它通过对信息和一些具体形象之间的联想，帮助人们记忆。比如，要记住一个人，就需要记住他的长相，包括容貌、仪态；要记住一种水果，就要记住它的颜色、形状、味道等。

（8）转盘子记忆法

学习后就置之不理，信息便会随时间流逝而被快速遗忘。因此，就像马戏团小丑同时在好几根竹竿上转盘子，在盘子快要停止转动时再推它一把就能维持旋转动力一样，时时温习便能让记忆粘贴在脑海里。方法：在学习后 10～15 分钟，进行第一次复习，接着实施"1 的法则"，在 1 小时、1 天、1 周、1 个月、1 个季度这 5 个时间点，重新检视记忆的状态。

（9）细节观察法

很多人都有这样的体会，自己仔细观察过的事物，印象会非常深刻；相反，走马观花地看过的事物，则很难留下印象。细节观察法就是让人们有意识地抓住或者认准事物的某些细节，同时进行细致的观察，从而达到深刻记忆的目的。观察得越仔细、越具体，记忆越深刻。

第四章
超强大脑都是情绪的绝对领袖

人自诞生的那天起就拥有了情感，虽然动物也有喜怒，也有表达情绪的方式，却远没有人类复杂。人的情绪除了有与动物类似的本能判断，还有基于某种因素，经大脑思考判断后产生的悲喜、好恶、愤恨等情绪。了解情绪产生的生理机制，可以让我们更了解自己，更好地掌控自己的情绪。

1. 情绪是从哪儿来的

　　从清晨的第一缕阳光照进卧室开始，一天的生活总会伴随着各种各样的情绪，上班路上堵车时的焦急、工作被认可时的兴奋、与他人发生摩擦时的愤怒、家人病愈康复后的喜悦……情绪似乎充满我们的生活。那么它是怎么产生的呢？与情绪相关的大脑区域是哪里？

　　前面我们讲过，大脑主要由大脑皮质和边缘系统构成。大脑皮质是大脑的主要部分，被称为"理性的大脑"；边缘系统则包括无数在大脑皮质及皮质下区域的结构，被称作"情感的大脑"。边缘系统与大脑皮质有着千丝万缕的深入连接，二者联合操控着脑功能的发挥，任何一方都无法独立垄断人脑运行。

　　比如，我们正在原始丛林中穿行，突然远处出现一头猛兽，当视觉信息传递到边缘系统时，我们开始恐惧，会本能地扭头就跑。同时，当这个信息传到大脑皮质时，理性的判断随之产生，比如看看猛兽是不是发现我们了，有没有追过来。经过判断发现猛兽没有发现我们，而是朝另一个方向离开了，那么我们是安全的，此时的大脑皮质就会向边缘系统发出解除警报的信号，我们可以停止逃跑了。由此可见，边缘系统的情绪反应很快，是一种迅速而模糊的本能情绪；相比之下，大脑皮质的情绪反应慢一些，它会针对现状做出理性的判断，然后再用理性去干预本能的情绪。

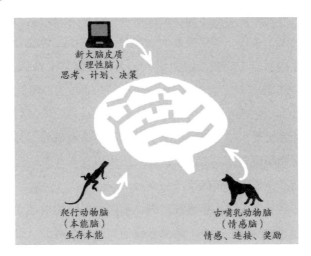

图 4.1　大脑本能·情感·决策

现在不妨回想一下，我们每天产生的很多情绪是不是都源自边缘系统呢？有没有发现随着年龄的增长，我们会变得越来越理性呢？这正是因为随着人的成长，大脑中理性的部分对边缘系统的控制越来越多，使得本能情绪的表达在社会环境的背景下更多地得到调控。而且倘若是个同的物种之间进行对比，这种差异还会更加明显。比如家中的小狗如果饿了，便会一直冲着我们叫唤；带小狗外出时，如果它感到自己的领地被侵犯了就会龇牙咧嘴表达愤怒。

虽然大脑的边缘系统很多部分的活动都能对情绪产生影响，

但是由于很多情况下各种情绪代表区在边缘系统的内部彼此有重叠和交叉，所以就整个系统而言，要想确定某种情绪反应活动的中枢代表区的准确位置并不容易。

那么，倘若大脑皮质和边缘系统之间作用失衡，会导致什么后果呢？有一种疾病叫作创伤后应激障碍，病人会一直纠结于过去发生的某个事件，产生失眠、做噩梦、性格大变等症状。这种过去发生的事情主要是会产生重大压力的事件，比如亲人死亡、被暴力攻击等。对于患者来讲，创伤已经过去了，现状是安全的，为什么还会感到恐惧呢？这是因为患创伤后应激障碍的病人大脑边缘系统受损，可能导致恐惧的记忆不断刺激海马体，即便大脑皮质判断现状是安全的，边缘系统依旧选择性忽略这样的判断，不断产生强烈的情绪反应。

有一名患者大脑边缘系统的杏仁核因病严重萎缩，而杏仁核主要控制恐惧情绪的产生，结果导致他无论是面对蛇、恐怖电影还是鬼屋，都丝毫不感到恐惧。

虽然大脑对于身体的信息接收并不完全依赖意识或者情绪，然而情绪的存在却提供了有意识的反应和记忆机制。同时，情绪作为一种大脑机制，和意识并没有本质上的区别，尽管我们不能完全掌控它，但是了解了情绪背后的生理机制，我们就可以有意识地去引导和调整情绪，改善我们对生活的体验和感受。

2. 多巴胺——提供兴奋的燃料

　　你是否感受过美食进入嘴里的那一刻的满足和幸福感？你是否有过和心仪已久的人说话时的语无伦次和内心的小鹿乱撞？你是否体会过竭尽全力解决一个问题后畅快淋漓的感觉？你是否有过和朋友逛完商场后，提着大袋小袋的满足感……是的，这一切都是因为大脑里的多巴胺这一神奇的化学传导物质。

　　人的大脑皮层约有 140 亿个神经细胞，脑部大量的信息经由这些神经细胞传递。但这些细胞之间并不相连，而是存有间隙，于是神经细胞就会生出一些突触，当信息经过这里的时候，它们就可以释放出能够跨越神经细胞间隙的化学物质，保证信息得以传递，这种化学物质叫神经递质。人的性格和行为，比如开心、生气、愤怒和性等都是由神经递质来传递和支配的。多巴胺就是其中的一种。

　　多巴胺简称 DA。这种大脑分泌物和人的情欲、感觉有关，它传递兴奋及开心的信息。作为大脑的"奖赏中心"，它能传递快感，影响每个人对事物的欢愉感受。

　　一些有趣的研究结果显示，购物带给人的愉悦心情与多巴胺有着千丝万缕的联系。购物可以刺激大脑的主要区域，琳琅满目的商品和对拥有心仪物品的期待都将让多巴胺的浓度上升。即使是只逛不买或者搜寻降价打折，都会让人感觉很有乐趣。有意思的是，往往当时收获满满，回到家那些东西却闲置半年。那是因为当购物完成之后，多巴胺的浓度会迅速下降，再看到这些"战利品"时早已不复当时的兴奋了，很多女性经常出现冲动购物的行为，背后就是多巴胺在捣乱。

同时，多巴胺还是上瘾的始作俑者，诺贝尔委员会主席彼得松在评论有人因发现它而获该奖时就感慨道："烟民、酒鬼和瘾君子统统与多巴胺数量有关，受多巴胺控制。"

从理论上讲，多巴胺的浓度越高，人就感觉越兴奋；然而一旦多巴胺的浓度过高，则会使人上瘾。多巴胺在前脑和基底神经节出现，而这部分负责处理人的恐惧情绪。多巴胺带给人的快感取代了恐惧感，导致人会出现上瘾的行为。香烟之所以让烟民欲罢不能，就是因为其中含有尼古丁成分。尼古丁能刺激大脑的神经元分泌大量的多巴胺，从而让人产生快感。因此，近年的一些戒烟研究都针对多巴胺。酒和毒品也是如此，甚至有学者提出，爱情的产生也源于多巴胺的分泌带来了亢奋。

那么问题来了：既然无论是品尝巧克力的甜蜜，还是享受爱情的幸福，或者是瘾君子腾云驾雾的满足感，都是几乎同样的机制在发挥作用，那么为什么巧克力不像毒品一样让人深陷其中无法自拔呢？原来，我们的大脑能够区分它们的不同，告诉我们这是哪一种感觉，从而调整机体的状态。

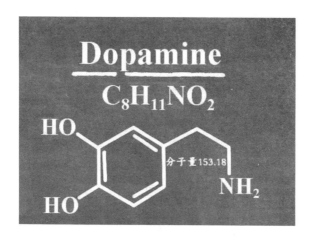

图 4.2 多巴胺分子式

此外，多巴胺还能激发人们对异性的爱慕之情。如果说下丘脑是大脑中的"爱情中心"，那么多巴胺无疑就是一支"丘比特之箭"。当两个人一见钟情时，这些恋爱兴奋剂就会源源不断地分泌，让人产生爱情的感觉，让人感觉甜蜜，甚至眩晕，以至无法自拔。可见，所谓"当局者迷，旁观者清"，也是多巴胺在释放能量。

遗憾的是，人的身体无法长时间承受这种刺激。换句话说，人不可能永远处于心跳过速的巅峰状态。多巴胺的过多分泌，会让人脑产生疲惫感，导致大脑只能任由那些化学成分自然代谢。这个过程或许比较短，也可能会持续三四年的时间。而后，随着多巴胺的减少和消失，当初的激情也会不复存在。因此，有人将"七年之痒"改为"四年之痒"也不是没有道理的。尽管如此，现实中并不是所有人都会因为多巴胺的减少而选择分手。因为爱的真谛还在于责任、亲情、誓言和承诺。

借用一句严谨的表达："当多巴胺风起云涌的时候，我们狂热地爱与被爱着，尽情享受爱的甜蜜；当多巴胺风平浪静的时候，我们坦然处之，仍然为爱奉献与努力，不离不弃。"

综上所述，多巴胺就是快感吗？答案应该是否定的。

大量的研究及医学研究报告证明，多巴胺与快感的确是紧密相连的。然而，如果我们停留在此，就失去了对多巴胺的完整认识。快感只是多巴胺众多生理功能的冰山一角。多巴胺对身体的影响还有很多，其中包括动机、记忆、行为、认知、注意力、睡眠、情绪、学习等。

人们对多巴胺的研究的确始于快感，直到他们注意到一些奇怪的现象——在高压状态期间，多巴胺也会出现峰值。比如，在士兵听到枪声而表现出创伤后应激障碍（PTSD）的案例中，他们的多巴胺浓度都很高。理论上，压力与枪声都不是引发快感的因素，然而多巴胺却在这时出现了，因此研究人员认为，多巴胺的真实效应也许是产生动机。这意味着它的真实作用是促使我们去行动，激励我们去实现愿望或避免不好的事。

在另一项研究中，美国的范德堡大学科学家团队在对"积极进取型"和"松懈懒惰型"两种人的大脑进行研究时发现，那些有着努力工作意愿、期望获得更高回报的人，其大脑的纹状体和前额叶皮质中多巴胺浓度更高；而在"松懈懒惰型"这一组，多巴胺多集中在前脑岛，这一区域主要参与情感和风险认知。

　　生活是需要激情的，对于多巴胺这样一种让人又爱又恨的物质，我们要找到平衡点，训练大脑通过奖赏性的体验来分泌更多的多巴胺，从而产生积极的反馈效应，同时将多巴胺发挥到工作的积极性以及对美好生活的感受上。

3. 好情绪需要血清素的保驾护航

当谈到低落的情绪、焦虑或压力时，人们更多的会提到血清素。血清素究竟是什么？它是如何工作的？它实际上做了什么？

血清素也被称为五羟色胺，是神经细胞用来相互交流的单胺类神经递质，也是让我们感受到幸福、快乐的一种重要的神经调节激素。它由饮食中的色氨酸、Ω－3 脂肪酸、镁和锌等营养物质合成而来。绝大部分血清素分布在大脑、肠道和血小板中，它能控制情绪、睡眠、食欲和肌肉收缩等，特别是它还有益于保持冷静的觉醒、维持平常心，有使交感神经适度兴奋、减轻疼痛、保持身姿等作用。

其中，"冷静的觉醒"是指对大脑皮质的活动进行适度干预，使其功能维持在最佳水平；"维持平常心"是指平衡多巴胺和去甲肾上腺素引发的兴奋，避免失控；因为"交感神经适度兴奋"是随着血清素的循环而产生变化的，所以倘若血清素的功能失调，自律神经也会受波及；血清素在"减轻疼痛"方面发挥了脑内镇静剂的作用，当血清素被激活后，就可以抑制疼痛的传导；"保持身姿"是因为血清素向轴突伸向"抗重力肌"相连的运动

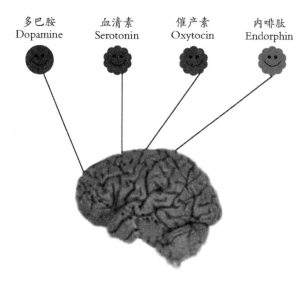

图 4.3　令你愉悦的化学物质

神经发出了刺激，以及向与脖颈、背部、下肢等反重力工作的肌肉传导刺激，纠正身姿。

　　与多巴胺提高人积极性的功能不同，血清素的功能主要在于镇定脑，使其维持最佳状态。一般而言，只要血清素维持在正常水平，大脑就会稳定、冷静地工作，心也就会平静下来。所以，多巴胺的目的是"提高目标，努力获得奖赏"，而血清素追求的是"维持现状"的满足感。

　　血清素还能参与睡眠和觉醒的循环，血清素回路的分泌节律有助于调节自律神经。促使血清素分泌的神经元，由脑干延髓的缝线核延伸轴突至全脑，遍布大脑皮质、大脑边缘系、大脑基底核、下丘脑、脑干、小脑、脊髓。血清素回路的最鲜明的特征就是以每秒 2~3 次的节律持续发送信号。人在睡眠时，血清素的分泌量减少，觉醒时分泌量增加，而且血清素的浓度在人起床后会维持一段时间。自律神经亦是如此，由于自律神经分为交感神经和副交感神经，它们分别在觉醒状态和睡眠状态下发挥作用。尤其白天，交感神经会在血清素的刺激下优先发挥作用。

因此，血清素在分泌充足的条件下，可以使人保持冷静的头脑和平稳的心态。

尽管在遇到压力和挫折时，人们感觉压力是在内心挣扎，实际上，这是由大脑的前头联合区来承载的。大脑皮质前头联合区的功能主要由多巴胺、去甲肾上腺素和血清素负责调节。而多巴胺和去甲肾上腺素都能引起大脑兴奋，但一旦这两种物质分泌得过多或者过少，都会导致情绪失控，影响大脑机能的正常发挥。血清素可以控制多巴胺和去甲肾上腺素的分泌，防止失控，从而提高抗压的能力。

倘若大脑血清素减少，会对人体造成什么影响呢？当血清素降低到一定程度时，人就会出现注意力集中困难等问题，会间接影响到个人的计划和组织能力，压力和疲惫感也会随之而来。如果血清素水平进一步降低，还将导致抑郁等更严重的问题。除此之外，易怒、焦虑、疲劳、慢性疼痛和焦躁不安等也都和血清素的下降有关。

要想增加血清素的含量，激活血清素回路，我们不妨采用以下几种方法：

（1）饮食调节

多选择复合碳水化合物，如豆类、全谷物面包、糙米、淀粉类蔬菜（如土豆）。食用健康脂肪，其中 $\Omega-3$ 脂肪酸被认为可以影响大脑中血清素的功能。富含 $\Omega-3$ 脂肪酸的食物有：鱼、鱼油、坚果、种子以及种子提炼的油，如亚麻籽油等。食用黑巧克力，巧克力中的白藜芦醇能增加内啡肽和血清素。黑巧克力中的可可（产生血清素的物质）要比我们平时常吃的牛奶巧克力含量高。此外，由于咖啡因会抑制血清素，所以要远离含咖啡因的食物，尤其是能量饮料。

（2）充足的日照

阳光有助于激活血清素回路，帮助合成血清素。光的强弱对激活血清素回路起决定性作用，人体解剖结果表明，夏季人体内的血清素含量要比冬季高。

（3）锻炼身体

运动锻炼是非常有效的提升血清素的方法。良好的运动习惯有助于促进人体色氨酸（色氨酸是血清素的前体）的提升，而且色氨酸在人锻炼结束后还会不断增加，这就意味着即便结束锻炼，人在数小时内依然可以保持高涨的情绪。需要注意的是，锻炼要结合自身的身体状态，以感觉舒适为度。

倘若没有时间进行长期固定的运动，也可以选择每天步行30分钟到1小时。

（4）释放压力

长时间的压力会导致血清素下降，严重的系统性压力会对身体产生并合成血清素的能力造成影响，因此，学会释放压力十分重要，比如按摩、瑜伽、冥想等。

4. 恐惧不是简单的害怕

恐惧或许和地球上的生命一样古老，是一种在生物学史上演变而来的根深蒂固的反应，用来保护生物体免于对其完整性或存在的威胁。恐惧可能就像软体动物的触角在被触摸时会本能地收缩一样简单，也可能和人类存在的焦虑、压力等一样复杂。虽然人们通常都很抵触恐惧，但不得不承认，我们对它怀有敬畏之心。

当我们遇到危险时，恐惧反应会从大脑开始，在体内广泛传播，继而将身体调整到最佳防御状态，反应也更为敏锐。那么恐惧情绪是由大脑的哪个部分所控制的呢？

20世纪30年代，美国芝加哥大学的神经外科医生海因里希·克鲁弗和保罗·布西在研究致幻剂的功能时，将一只猕猴的双侧颞叶切除了，随后发生的一切让两人惊讶不已。这只猕猴开始变得天不怕地不怕，就连原本生性惧怕的蛇都敢抓起来往嘴里塞。后来，研究者们发现，这是因为颞叶中的杏仁核负责控制恐惧情绪。这个位于大脑颞叶上的杏仁形状的神经丛主要用于检测刺激的情感显著性，负责管理人的恐惧和不信任感。只要我们感到了危险的临近，这个区域就会自动活跃起来。

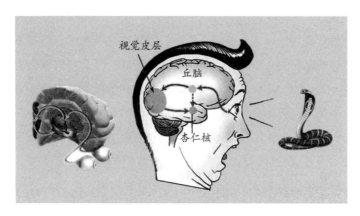

图4.4　杏仁核区域示意图

　　神经影像学研究表明，纵使我们的大脑正处于思考当中，没有注意到危险的临近，杏仁体依然时刻保持警惕。例如，当我们在上课时突然遇到地震，杏仁核就会被立刻激活，同时身体也随之做好了逃跑的准备。

　　杏仁核不仅可以帮助人们识别恐惧，还能识别各种心理状态。它甚至可以在12毫秒内对危险做出反应，这个速度比我们眨眼还要快。

　　此外，海马体也与杏仁核密切相关。大脑在海马体和前额皮质的帮助下分析所感知的威胁。它们参与更高级别的内容处理，帮助人们判断被感知的威胁是否真实，从而抑制杏仁核恐惧反应及其产生的结果。

　　例如，对于老虎这样的猛兽，我们倘若在野外遇到，就会产生强烈的恐惧；但如果是在动物园里观看，更多的则是欣赏和好奇。理论上，大脑中的"思考"回路可以让我们控制自己的"情感"领域。

虽然我们排斥诸如恐惧、后悔、愤怒等消极情绪，但却不能否定它们存在的必要性。倘若没有消极情绪，那么我们就会对危险失去天然的预防和抵御本能。而且在某些情况下，恐惧还可以转化成动力，督促我们行动。比如，"新任命的上司很严厉，最近工作要格外谨慎"或者"胃疼的感觉太痛苦了，以后我一定要按时吃饭"。不过需要注意的是，倘若我们的恐惧情绪失控，它就会成为横在我们面前的一座高不可攀的山峰，行动也会随之搁浅。

不仅如此，有时恐惧甚至可以为我们带来积极愉悦的体验。比如恐怖电影、"鬼屋"等。当我们坦然面对恐惧，克服最初"战斗或逃跑"的冲动时，常常会感到满足，并且更有信心应对威胁。这对我们克服恐惧有着特别的意义。

当然这是因人而异的，尤其那种或可怕或兴奋的独特感觉更是如此。大脑中的恐惧感所引起的兴奋与人类语境控制感之间的任何不平衡都可能导致兴奋感太多或不足。倘若我们认为是真实的，那么极度的恐惧反应就会覆盖大脑对情境的判断。比如有人很喜欢弗雷迪·克鲁格的电影，但因为感觉太过真实而被《驱魔人》吓坏了，此时恐惧的反应就不会被大脑所控制。

另一方面，倘若体验对情绪的大脑的刺激不够，或者被大脑的思维认知区域判断不真实，那么这种体验就会让人感到无聊。一个无法调整认知思维的生物学家对一部僵尸电影的分析是，其中的所有事物都是虚假的、不可能发生的。那么他自然就不能像普通人一样享受僵尸屠城带来的视觉和心理冲击。

　　因此，如果体验对大脑的刺激太恐怖，将会导致大脑的认知区域不起作用；反之，大脑的认知区域将获得完全的控制，人对恐怖电影的体验就会不那么刺激了。

　　综上所述，适当合理的恐惧对我们有益，而过分的恐惧则对我们有害。值得欣慰的是，有研究发现，我们的恐惧其实是可以控制的。美国哥伦比亚大学医学中心的研究小组使用了一种简单的注意力测试法以及一种名为功能性核磁共振造影的实时大脑扫描技术，后者可以捕捉到大脑活动的每个细节。结果显示，大脑前扣带回皮质喙部的某一区域（RACC区）参与控制杏仁核结构对人类恐惧反应的"开关"，杏仁核结构呈杏仁形，位于大脑中心，此区域正是恐惧情绪反应进行的地方。

　　负责此次研究的乔伊·希瑞斯奇医生说："人们在每天的日常生活中暴露于不断增多的外界刺激之中，所以我们意识到大脑中肯定有某种处理机制来区分、提炼各种反应——我们对每一个大的声响、每一个意想不到的发现都会作出反应，就是这个道理。"同时，他还表示，控制恐惧情绪反应的大脑活动线路相当重要。这也意味着，一些焦虑紊乱患者和有极度沮丧情绪的患者将有可能受益于此次发现的成果。

5. 愤怒是大脑本能的防御

2000 多年前的古罗马悲剧作家、哲学家塞内卡在一篇论述愤怒的文章中，形容愤怒是"所有情绪中最令人憎恶、最狂暴的"。时至今日，愤怒仍然是一种不受欢迎的情绪，甚至人们还将其视为最具破坏性的情绪之一。然而，愤怒真的一无是处吗？

2009 年，阿姆斯特丹大学做过一个实验，他们招募了两组学生，让其中一组回忆令自己最愤怒的一件事情，然后写一篇文章。接着，两组学生被要求在 16 分钟内想出尽可能多的"提高心理学教育水平的方法"。结果印证了实验前的设想，那些回忆了愤怒往事的学生想出了更多的主意，而且他们的想法更有原创性，重叠率只有1%。

而之所以会产生这样令人惊奇的结果，就是因为那些学生在回忆愤怒的往事时调动了"无结构思考"。这是与"系统性思考"相对应的一种思考方式，是不遵循过往经验、不深究理性判断的一种杂乱无章的随机思考。科学认为这种思考方式是"创新"的根本，毕竟创新的常态不是延续和修补，而是完全的再造。愤怒恰恰是激发这种思考方式的一种途径。

　　由此看来，对待这样一种有些特殊的负面情绪，我们应该客观理性地认识它、了解它、利用好它。

　　和大多数情绪一样，愤怒也源于大脑的杏仁核。当杏仁核感受到人体中的血液酸性超标的时候，就会启动警报，引发人的愤怒情绪。而血液酸性过量往往意味着二氧化碳过剩，这种情形常常发生在我们十分紧张且屏住呼吸的状态下。从理论上说，酸性干预系统只会提醒人在愤怒时做一次深呼吸，然而杏仁核对此不能分辨，一旦它探测到来自外界的威胁，就会立刻刺激大脑的其他部分做出反应。这一点和恐惧的反应机制很像。

图 4.5　人在愤怒时的表情

　　人在愤怒情绪的调动下，会自动进入一种战斗状态。不妨回想一下，当我们怒火中烧的时候，会有哪些生理反应？心跳加快、肌肉紧张、身体发热、面红耳赤……同时，血液中的肾上腺素含量急速上升，肌肉中的血液量增多，整个身体系统都屏息以待，随时准备战斗。因此，愤怒也被人们定义为"因感知到自身被攻击而激发的情绪"。人在愤怒时出现的种种生理反应并非无关紧要，而是通过向对方示威、希望吓走对方的表现。其本质上与动物解决冲突的方式基本一样，都是一种期待避免暴力冲突的做法。

而当人们愤怒到极点时，会给人一种失去理智的疯狂印象。其实，这并非大脑真的丧失了理智，而是当人体感受到威胁时，大脑会严格限制人们必须处理的信息的数量和范围，同时为了强化对威胁的感知，大脑还会指示我们放慢动作，甚至帮我们屏蔽一些无关的声音或画面。

生理学家沃尔特·坎农认为，当人们感到焦虑的时候，常常会产生逃跑的念头；而当人们感到愤怒的时候，则会被激发起战斗欲望。因为一旦愤怒情绪被激活，人体会自动判断危险来临，从而开启"战斗模式"保护自己。

我们会看到在运动场上，那些因某种原因被激怒的运动员往往能超水平发挥，大多是这种反应机制的功劳。就连影视剧中那些被打败、被羞辱的人，能够在紧要关头爆发出惊人的战斗力，最后将结局反转的情节，也并非完全虚构，因为人在这种情况下的攻击力是加成状态的，能够发挥出比平时更强的战斗力。所以，这种反应能够让人在遭遇现实的危险时，最大程度地激发生存欲望。

一直以来，愤怒都被当作一种需要被疏导和控制的负面情绪，"气大伤身"就是劝人不要生气的诚谕。但是，愤怒和身体健康之间的关系，或许没有我们想象得那么糟糕。

2010 年，一个科学团队对 644 名心血管疾病的患者进行了跟踪调查，他们希望能够判断出心血管疾病恶化和病人情绪变化上的关系。结果却发现，愤怒的情绪并没有显著提高心血管疾病的发病概率，反而是压抑愤怒让心脏病的发病概率提高了 3 倍。尽管确切的原因还有待研究，但至少表明压抑愤怒对身体的伤害远比我们想象得大。随着科学的不断进步，在不远的将来，愤怒对人产生的影响将会更全面地被解读。

所以，作为人类最古老的情绪之一，愤怒也是大自然对人的馈赠。尽管它依然是一种危险的情绪，不是人人可驾驭的。但我们要学会接纳它、理解它、安抚它，让它为己所用，可能会带来一些意想不到的好处。

6. 压力是一把双刃剑

很多球迷应该还记得在2006年足球世界杯决赛的赛场上，法国著名球星齐达内在2.88亿电视观众面前情绪失控，用头去撞击意大利队的马特拉齐，结果当场被红牌罚下，最终意大利队夺冠的情景。本来这一场比赛是他职业生涯的告别之战，竟然意外地以如此令人唏嘘的结果落幕。这样的现象并不鲜见，甚至我们自己也有类似的情绪失控体验，而导致负面情绪的一个重要诱因就是压力。

设想一个场景：一个原始人正在寻找食物，突然与一头饥肠辘辘的狮子不期而遇。出于本能他立刻停下脚步，紧张地盯着这头猛兽。此时他的生理反应应当是这样的：发现狮子后，信息通过眼睛进入大脑的杏仁核，也就是他的警报系统，与此同时向全身发出信号，让人体产生一系列应激反应。他的大脑这时将全部注意力和感知都集中在了狮子身上，以确保随时做出战斗或逃跑的准备。

可见，压力原本是为了保护早期人类免于捕食者侵害的一种"战斗或逃跑"反应的生物指令，它对于整个身体，包括大脑都具有强大的生理作用。与祖先相比，现代人类的生活环境已经截然不同，虽然我们不会时常面对猛兽的威胁，但人体的应激反应却保留了下来。甚至我们在一天中所接受的刺激和压力远比远古人类一生的还要多，因为我们所面对的压力不再仅仅局限于在自然界中生存，而是变得更多元、更持久。这样一来，人的大脑应对系统很容易疲劳，弹性减弱，情绪变得愈发难以控制。

　　我们可能都感受过在压力情境下心跳得多么剧烈。有趣的是，快速的心跳实际上是在向大脑前额皮质——这是负责思维处理与决策的部分——发送信号，通知前额皮质暂时停工，让中脑接管工作。而当我们处于极度危险的情境时，本能与经验将接管大脑的理性思维和推理能力。

图4.6　学会将压力转化成动力

　　压力是人脑的主观感受，那么压力会对人的大脑产生怎样的影响呢？

（1）降低脑容量

2012 年耶鲁大学的一项研究表明，慢性压力将会导致脑容量降低。倘若人长期处于紧张状态，大脑可能会缩小，继而导致认知受损，引发情绪障碍。根据研究，压力或抑郁会激活一种叫 GATA1 的转录因子，该因子可以调节控制神经突触连接的基因。当突触连接的数量减少时，脑容量自然会降低。

值得欣慰的是，这种伤害是可逆的。根据针对创伤后应激障碍患者的脑容量研究发现，脑容量是可以恢复正常的。当大脑中的激素水平恢复正常时，脑容量也会反弹回归正常。

（2）杀死脑细胞

根据洛克菲勒大学神经内分泌学实验室的报道，压力可以杀死脑细胞，尤其是在记忆和学习的相关区域。当压力刺激到大脑时，人的身体就会释放肾上腺素到血液中，提供给大脑"战斗或逃跑"的能量。这个过程通常很短，1 分钟左右肾上腺素便会消退，恢复正常。然而，倘若压力持续刺激，肾上腺素便会在大脑的"授意"下频繁地分泌皮质醇等被称为"糖皮质激素"的一类甾体激素，其作用远超肾上腺素。这种激素可以直接作用于海马体。过高的激素会杀死海马体中的脑细胞，阻碍学习与记忆。当然，正常水平的激素是有助于学习和记忆的。

（3）影响血脑屏障

血脑屏障能保护我们的大脑和中枢神经系统免受进入血液中的病毒、药物、化学物的侵害。研究发现，极端的压力会影响血脑屏障，使大脑更容易受到侵害，发生脑化学病变。

此外，男性和女性在面对压力时的反应是不同的。相关研究数据显示，由于女性的应激激素受体相较于男性的激素受体适应性较差，因此女性罹患创伤后应激障碍和抑郁症等与压力相关的精神障碍病症的风险更高。

既然我们认识了压力，那么该如何面对它呢？一直以来，我们视其为危害，并想尽办法与之对抗。然而，适度或适时的压力实际上对我们是有帮助的，只有长期性慢性压力和创伤性压力才会增加疾病、抑郁和死亡等风险。倘若我们能采取积极的心态去拥抱压力，就能降低压力产生的负面影响。我们还可以选择适合自己的解压方式，帮助我们应对压力。

心态上，我们可以化压力为动力。哈佛大学在一项研究中，邀请受试者来参加压力测试，并且对他们强调要把压力反应看作一种动力。结果显示，由于对压力的看法发生了改变，人的血管呈放松、健康状态，心脏仍强力收缩；而典型的压力反应中，在心跳加快的同时，血管也会收缩。如果我们把压力转化成动力，不仅可以缓和紧张的心态，更可以激发斗志，战胜自我。

解压方式上，冥想是最有效的方法之一。通过冥想，我们的大脑会关闭"战斗或逃跑"的反应模式，让身体更加放松。神经科学家在对有冥想习惯的人进行血液测试后发现，相较于其他人，冥想者在每天冥想结束后身体中的应激激素更适中。除此之外，冥想还能使人分泌更多的内啡肽，唤醒我们积极的情绪，提高抗感染的能力，从而增强人体免疫力，改善压力带来的负面影响。

7. 管理好情绪才是最强大脑

《头脑特工队》是皮克斯的一部动画电影，讲述了 11 岁少女莱莉因父亲工作的原因而搬到旧金山生活的故事。来到新环境的莱莉无所适从，在适应新生活的过程中，她产生了很多负面情绪，终日闷闷不乐。最终脑中的乐乐和忧忧让莱莉重拾原本快乐的情绪。

这里就要说一下隐藏在莱莉脑中的 5 个情绪小人：控制快乐情绪的黄色小人乐乐；控制悲伤情绪的蓝色小人忧忧；控制愤怒情绪的红色小人怒怒；以及另外 2 个情绪小人——绿色小人厌厌和紫色小人怕怕。厌厌对主人接触的所有事物都保持着谨慎，它代表了莱莉厌恶的情绪；怕怕则对周围的所有人都高度警惕，生怕受到伤害。

莱莉的童年一直很快乐，她的大脑中一直都是乐乐操控着全局。当她因为来到新环境而备感焦虑和难过的时候，便很想回到过去生活的地方找回快乐。于是她偷走了妈妈的银行卡，自己踏上了回家的班车。此时没有任何一个主导情绪引领她。当她能真实感受到其他的情绪时，便马上回到了父母身边，并把一切都告诉了他们。就在这一刻她突然明白了，只有坦然面对当下，才能找回快乐。

　　影片的神奇之处就在于脑洞开得很大，它将无影无形的思维情绪赋以视觉形象呈现给观众，让大家看后才意识到原来大脑有那么多彩色的记忆，它们会随着成长的忘却和记忆的回收而消失不见。我们的每一种情绪都是重要的，都需要它的主人去关注。就像莱莉大脑里的几种情绪一样，我们可以选择用什么情绪去主导生活、影响生活。

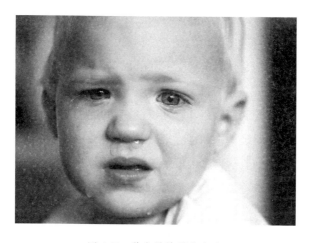

图 4.7　学会做情绪的主人

　　当人被某种情绪所操控时，会忘记自己所学的知识，会改变看待世界和判断他人行为的方式，甚至会进入一种信息封闭的不反应期，也就是常说的处于情绪化中。此时，我们的注意力会全部集中在引起我们情绪的未达成目标上。

　　处于喜悦中的盲目兴奋、处于悲伤中的脆弱和敏感、处于愤怒中的攻击性、处于恐惧中的软弱……每一种情绪都将引领我们进入一种不受控的半封闭状态，甚至会无法进行思考、逻辑分析、决策等。

　　而如果我们无法及时处理、发泄这些情绪，就可能会使当时的情景再现，并将情绪投射到当前的人身上，即所谓"迁怒于人"。这就会引发更多不适的情绪化反应，并且延长不反应期。

　　情绪产生的时间很短暂，发生也在瞬间。但是我们也能看到有些人的情绪能够持续几天甚至更久，当情绪处于巅峰的时候会改变人的认知。并且情绪往往不是单独出现，而是交替或者混合出现的，最初可能只是愤怒，后来会改变为厌恶，然后逐渐演变成一种对引起情绪反应物的否定。

　　总之，情绪是在特定环境下大脑根据经历、记忆对情况的判断，并且情绪有一定的封闭意识、阻塞信息的作用，了解情绪的产生方式有助于我们利用和管理情绪，就像演员在表演的时候常常通过回忆自身经历来调动感情一样。

　　那么，如何管理自己的情绪？在正面管教理论（美国的一种育儿理论，强调不惩罚、不骄纵的育儿方法）中有一个掌中大脑的概念：

　　丹尼尔·西格尔是一位教育家、心理学家，也是一位脑科学专家。他在写作《全脑教养法》一书时，对处于情绪状态的大脑做了扫描测试，用科学的方法来论证大脑的工作理论。

　　由于大脑的组织和工作原理非常复杂，于是丹尼尔就通过非常形象的手掌来解释大脑调控情绪的功能：

　　"①当我们打开手掌，手腕的这个部分，相当于大脑的脑干。脑干的功能主要是维持个体生命，包括心跳、呼吸、消化、体温、睡眠等生理功能。

　　"②再将大拇指折到掌心，折在掌心中的大拇指，就是中脑，我们俗称为动物脑。

"③把其余4根手指盖在大拇指上，覆盖住中脑，现在我们的手握成了一个拳头。那么我们的手背和4根手指的表面，就是大脑皮质，即高级中枢神经系统。这个拳头像一个正常工作的大脑。拳头的前部，4根手指的部位，是大脑思考的地方，思维从这里产生，其实也就是信息处理的地方。最前端，指甲的部位，我们称为前额叶皮质。

"④前额叶皮质有一个特点，当人压力很大或者遭遇一些令人焦虑、恐惧、沮丧或悲伤的事情时，它会暂时失去功能。此时，大脑的前额叶皮质便无法工作，这一点在脑部扫描时有图像显示。如此，我们大脑的情绪开关就打开了。用手来表示，就是4根手指张开，盖子掀起来了。用正面管教的术语说就是：你的大脑盖子掀开了。"

想要控制情绪，关键是要让自己处于冷静的状态。比如很多人都认为生气时就要及时解决问题。其实这个时机并不恰当。人在生气的时候，首先被接通的是动物脑，一般只有两个选择：要么"战斗"，要么"逃跑"。我们不可能用动物脑做出理性的思考，所以经常会在此时说一些冲动的话，做出冲动的行为。可见，当我们被负面情绪控制的时候，要先让自己冷静接纳情绪，再用理性大脑来思考如何解决问题。

情绪是人类的本能，一个人想要控制情绪，内心就必须不断成长。毕竟，生活中的快乐不是简单的笑容，而是在过滤了很多坎坷和悲伤后的结晶。尽管有时一点儿小事、一句无心的话、一次意外就轻易地摧毁了脑中的花园，但是我们要学会用隐藏在头脑中复杂的机制去积极面对和感受这个世界，要知道生命中那些负面情绪也能赋予我们力量去重建精神花园。

专栏：快速摆脱负面情绪

冥想是一种比较私人化的体验，其内涵和作用远超出我们的想象和理解。其重点是将注意力集中在一个点上或去想象某一具体事物。研究发现，通过持续的全神贯注于某一事物，并将每次游离的注意力拉回聚焦的特定点上，大脑将会发生重大改变。

人的感官是与外部世界连接的，冥想时，闭上眼睛将感官转向内部，屏蔽掉外界的干预，也不去控制思想，放任思想、情绪自由驰骋，当它们得到充分的表达后，自然就离开了。情绪的起源在于我们自己，而非外界。通过冥想，我们就能观察到这些情绪的根源，从而化解它们。

如何冥想？

（1）选择一个安静的环境

可以选择家里、办公室的休息间、公园、茶室等地点。冥想过程中人的身体基本保持静止状态，需要尽可能保证不受他人的干扰，有一些背景声音是可以的，但是太大的噪声会打断冥想。

（2）保持一个舒适的姿势

建议一般初学者从坐姿冥想开始，选择宽松合适的衣服，保持肩背挺直，双腿盘坐或者平放，双手放在膝盖上，这样更容易进入平静状态，减少被干扰的可能。之后，无论坐卧站行，甚至跑步过程中都可以尝试冥想。

（3）设定好冥想时间

冥想的时间一般在 15 ~ 30 分钟，时间过短不容易进入状态，随着训练的不断进行，可以适当延长冥想的时间，甚至可以随时结束。

（4）选择舒缓的背景音乐

一般会选择一些自然的背景声，例如雨滴声、风声、森林里的声音等，一些轻音乐也能很好地帮助进入冥想状态。尽量不要选择带歌词的音乐，因为冥想需要减少信息，尽量放空大脑不去思考。

（5）选择合适的引导语

很多冥想的 App 和课程都有引导语，能够帮助你尽快学会冥想的方法，并跟着引导语进入状态，感知身体，体察情绪，可以说是帮助入门的最好方法。

（6）放松身体，闭上双眼

正式开始之后，首先进行身体的放松，让自己从忙碌的状态转换到一个平静的状态，同时感受自己身体哪些肌肉是紧张的，试着去放松，然后慢慢地闭上双眼，开始进入冥想状态。

（7）调整呼吸并感知呼吸

冥想开始时先进行几次深呼吸，让自己的身体随着呼吸慢慢平静下来。然后将注意力集中在每次呼气和吸气的过程中，集中在对呼吸最敏感的地方，例如鼻子、肺部等。

（8）感知身体及环境

调整好呼吸之后，可以慢慢地从上到下内视自己的身体，感受身体有没有不舒服的地方，并尝试通过每次呼吸让这部分身体渐渐放松下来，让意识流带动身体的一些调节。然后，慢慢地感受身体和环境接触的地方，静静地感受环境中的各种声音，感受腿部和椅子的接触，感受双手指尖的触觉。

（9）感受思想的流动

在进入平静状态的时候，我们的大脑并没有停止思考，而是会出现一个接一个的想法，就像你坐在马路边，看车来车往。冥想的过程需要控制自己保持一个不思考的状态，将注意力仅仅集中在眼前的空白或者呼吸上，让大脑进入休息的状态，一旦脑子里有任何想法，就要试着慢慢拉回到空白的状态。

（10）养成每天固定时间冥想的习惯

一般选择在清晨或者睡前进行，这些时间段大脑开始转换，一次清晰的冥想不仅会让你一整天清清爽爽，还会帮助你快速进入睡眠，提升睡眠质量。另外就是在白天身心疲惫或者情绪激动的时候，一次 10 分钟的冥想也能够很快帮你恢复状态。

第五章
与生俱来的创意

　　人类的全部心智活动都围绕记忆开展，而每一个记忆却又是思维的瞬时体现。从某种意义上说，大脑的天赋并不在于记忆，而在于在思维和创造中进化并完善自我。

　　因为记忆一直在变，但创造和前行永远是人类的方向。

1. 哪些人更富有创造力

①我的兴趣总比别人产生得慢。

②我有相当的审美能力。

③有时我对事物过于热心。

④我喜欢客观而又有理性的人。

⑤"天才"与成功无关。

⑥我喜欢有鲜明个性的人。

⑦我很注重别人对我的看法和议论。

⑧我很喜欢一个人独自深思熟虑。

⑨我从不害怕时间紧迫、困难重重。

⑩我很自信。

⑪我认为既然提出问题，就要彻底解决。

⑫在我看来，作家使用言词只是为了自我表现。

⑬我尊重现实，不去想那些预言中的事情。

⑭我喜欢埋头苦干的人。

⑮我喜欢收藏家的性格。

⑯我的意见常常被别人厌恶。

⑰无聊之时正是我某个主意产生之时。

⑱我坚决反对无的放矢。

⑲我的工作不带任何私欲。

⑳我常常在生活中碰到一些不能单纯以"是"或"否"来判断的问题。

㉑挫折和不幸并不会使我对热衷的工作有所放弃。

㉒一旦任务在肩，我会排除困难完成。

㉓我知道保持内心镇静是关键的一步。

㉔幻想常给我提出许多新问题、新计划。

㉕我只是提出新建议而不是说服别人接受我的这种新建议。

以上25个问题是美国普林斯顿"人才开发"的测试题。要求被测试者必须以最诚实的态度迅速回答"是"或"否"，不能模棱两可，更不能犹豫。如果回答"是"的题目超过20道，被测试者就被认为是个富有创造力的人。

创造力究竟是什么？为什么它被认为是人类拥有的最重要的能力之一？那些极富创造力的天才与我们有什么不同？他们的大脑有什么特别之处吗？

20世纪60年代，美国心理学家弗兰克·巴隆曾对其同时期的天才开展了一系列关于创造力的实验，试图探求他们的共同之处。他安排这些受邀的各个领域的天才人物在加利福尼亚大学伯克利分校一个以前的兄弟会俱乐部进行为期几天的联谊活动。受邀者在研究者的观察下互相认识，彼此了解，填写关于自己人生、事业和性格的评估测试题，并接受寻找脑部疾病和创造性思维的信号的测验。

一直以来，人们习惯性地认为那些创造力十足的天才都是智力超群的人。结果巴隆发现，智力在创造性思维中起到的作用并不重要，或者说智力并不能影响创造力的高低，它们是两套不同的系统。后来也有研究者进一步证实了这一观点，进而发现，当智力超过某一程度后，创造力几乎不受影响。

这些各个领域的天才人物所具有的共同特征是：内心开放；相对于简单的东西，对复杂和不明确的事物更感兴趣；比普通人更能包容混乱和无序的状态；擅长从杂乱无章中提取条理；独立，不循常规；不惧挑战。

巴隆还从这些特征中总结出，与普通人相比，这些人"既遵从本能，同时又更有教养；既有破坏性，更有建设性；有时候近乎疯狂，同时却又格外坚定而理性"。虽然这个结论听上去有些矛盾，然而正是这些互相依存、互相影响的矛盾力量造就了强大的创造力。

在随后的研究中，巴隆和另一位心理研究学者唐纳德·麦金农还发现，创造力似乎与精神疾病有一定的联系。特别是极具创造力的作家，其精神健康问题也相当严重。这或许是因为创造力强的人更善于内省，而这种倾向会引领他们不断提高自我意识和自我认知，包括对自身比较阴暗和令人不舒服的部分的认知。

可见，创造力本身就是多面的、复杂的。它融合了多种思维特质和行为特质，是由智力、情感、动机和道德共同滋养、孕育的。

右脑一直被人们视为创新的摇篮，人的想象力、情感和创造力都是在这里产生的。然而根据巴隆的研究，创造力的孕育要复杂得多，它并不是由大脑的某一区域或是某一侧控制的，而是大脑各个区域充满变数的互相作用的过程，包括情绪、意识和无意识处理系统的互相作用。

2001 年，美国神经学家马库斯·赖希勒提出了"想象力网络"的概念，也被称为"默认模式网络"，涉及大脑额叶、顶叶和颞叶区域的多个部分。它对创造力有着重要作用，比如它可以使我们突然陷入冥想或者放飞思绪。"想象力网络"是人类经验的核心，然而它却无法独立运作，它与大脑的"执行网络"有着错综复杂的密切联系。"执行网络"负责人的注意力和记忆，它为我们阻隔了外界干扰，让我们能够全神贯注，关注内心体验。

这样看来，它们之间似乎是矛盾的，甚至是冲突的。然而一个富有创造力的大脑可以游刃有余地启动和关闭每一个网络。因此，那些极富创造力的人特别善于把矛盾的元素以一种异乎寻常的方式汇聚在一起，如此形成了他们独特的思维风格，也成就了他们在各自领域里的创造。

图 5.1　脑区神经网络协同

综上所述，创造力绝非天才们的专利，只是那些有创意的大脑比一般的大脑更善于调动不同脑区神经网络的协同运作。创造力是人类的一种普遍的能力，只是因为它大部分时间都潜伏在人的大脑里，等待人们用经验、欲望和长期的努力去激发。只要我们多练习、培养好的思维习惯，也可以成为创意十足的人。

2. 好奇是孕育创造力的种子

最早的西方神话对好奇的态度是警惕的，早期的基督教神学者甚至批判好奇心。圣·奥古斯丁曾宣称："上帝为有着好奇心的人打造好了地狱。"西方有一句谚语"好奇心害死猫"。然而，好奇心真的这么危险吗？

好奇心是人类的一种欲望，卡内基·梅隆大学的心理学和经济学教授乔治·勒文施泰因指出，我们无法满足的不断学习、发明、探索和研究的欲望"值得与其他欲望拥有同等的地位"。那么，好奇心能带来哪些好处呢？

"好奇心所带来的理论谜题就是，按照定义，好奇心驱使下获得的信息无法给人带来任何外在的好处，那为什么人们还会如此强烈地被它们吸引呢？"勒文施泰因写道。或许，它的魅力就在于我们永远不知道它什么时候可以演化成创造力落地开花，但这和播种多么相像！

当某些事情引起我们好奇时，我们的大脑究竟发生了什么？加利福尼亚大学的心理学家进行了一项研究，让19名志愿者阅读100多个琐碎问题，例如："恐龙这个词实际上意味着什么？"

"披头士乐队的单曲在排行榜上持续时间最长，为期 19 周？"然后，志愿者被要求按照他们对答案的好奇程度对问题进行评级，与此同时，使用核磁共振成像仪监测他们的大脑活动。结果发现，当志愿者们的好奇心被激发时，调节快感和奖励的大脑区域会亮起。更加令人感到不可思议的是，参与记忆创造的海马体的活动也在增加。

所以，当我们感到好奇时，当我们的大脑释放出多巴胺时，大脑中激励人们外出并寻求奖励的区域是相同的。神经心理学专家克里斯蒂娜·纳夫里亚说："多巴胺和期望型欲望相关，因此对新知识的渴望会令人高兴。这种情况下，好奇心起到一种激励作用，如同诱人的巧克力。"

诺贝尔奖获得者、美籍犹太物理学家理查德·菲利普斯·费曼被奉为硅谷天才们的偶像。让人意外的是，他的智力并不出色，仅仅比平均水平略高而已。当听到外界评价费曼是"世界上最聪明的人"时，他的母亲回应说："如果他真是世界上最聪明的人，求上帝拯救这个世界吧。"

"我这人碰到难题，总是不解开绝不罢休。""发现问题出在哪里，想办法修好它，这正是我感兴趣的，像解难题一样。"正如费曼自己所讲，"我有解谜的嗜好。这就是为什么后来我要去开保险箱，去辨认玛雅人的古怪文字的原因。"

在费曼看来，人生的意义全在于努力揭开自然之谜。晚年的费曼为他的两本回忆录式的"故事集"所取的副标题就是"一名好奇角色的历险记"，以此作为他回顾一生的评语。

他的一位学生希布斯在此书的序言中写道："挑战和挫折，超人的才识和激情，以及从科学探求中获得的极大快乐，这正是他生活中幸福的源泉。"

因此，好奇心和兴趣是迈向创造力的第一步。虽然吸引人注意力的事物不一定是有价值、有用的，但只要它能够抓住你的眼球，成功地引起你的兴趣，就值得去关注。富有创造力的人总会保持着像孩童一样的好奇心，他们总会为奇异或者未知的事物感到欣喜。

图 5.2　时刻保持一颗好奇心

有人将好奇心比作一种精神瘙痒，唯一的止痒方法就是获取新的知识。这种精神瘙痒是一种人类共享的冲动，它被认为是一种重要的技能，有助于我们更好地预测未来可能会发生什么。呵护好它，使用好它，如同种下一粒粒种子，只待适宜的时机发芽。

我们不妨感受一下，每天都有什么样的事物令我们感到神奇，无论是听到、看到或者感受到的。设想一下它出现的本质是什么。不要预设自己已经知道它的原理，或者假设它没有什么意义。我们需要体验事物原本的样子，而不是我们认为的样子。

我们可以尝试打破行为惯例，试着做一次大胆的提问，说出自己不敢表达的观点。最好把每天让我们感到惊奇的事物记录下来，要知道很多富有创造力的人都有记日记、做笔记的习惯，这样做可以让体验更具体、更持久。几天之后，我们还可以翻开自己记录下的内容，看看是否有新的体会和想法。甚至当几个星期过后，我们也许能够看出记录中显现出来的有趣模式，这个模式可能暗示了某些领域值得去深入探索。

生活对我们来说是一个暗藏着无数可能的浩瀚海洋，游得越远越深，我们的生活就越丰富。整个世界都与我们有关，我们不知道哪一部分最适合我们或是我们的潜能，所以我们需要尽可能多地探寻和了解这个世界的每个角度。

总有某个时刻，我们终会发现在那些习以为常的事物背后，涌动着无数种可能性，那便是收集创造力的能量，让从幼时就萌发却被尘封已久的好奇心得以重生。

3. 诱导脑内吗啡让创意发酵

说起吗啡，很多人的第一反应就是它是毒品。而脑内吗啡与毒品却相去甚远，之所以被称为吗啡，是因为它与毒品吗啡的分子结构类似，尤其是它也能像毒品一样让人兴奋起来，其快感效力是毒品吗啡的五六倍。因此，人们一旦感受到了脑内吗啡的神奇，很容易对它产生依赖，甚至上瘾。不过，脑内吗啡并不像毒品一样会对人体造成伤害，相反，它可以提高人体的免疫力、自愈力，预防老年痴呆，以及缓解紧张情绪、疏解心理压力。

脑内吗啡的发现者是日本医学世家知名脑专家春山茂雄博士，他在《脑内革命》中首次使用了该词汇，代指大脑内产生的各种类吗啡物质。其中最有名的是内腓肽。

脑内吗啡在最初被发现的时候，人们认为其作用仅限于镇痛。因此，在相当长一段时间里，它都没有引起人们足够的重视。然而最近的研究发现，作为人脑分泌的一种激素，脑内吗啡不仅参与人体内呼吸系统、循环系统、免疫功能的调节，还能激活处于沉睡状态的脑细胞，对记忆力的影响也十分明显。

研究发现，与 β - 内啡肽同时出现的一种脑电波是 α 脑波，二者通常结伴而行，不分先后。当 α 脑波在脑内占主导地位时，人的脑内就会分泌出快感物质脑内吗啡。

脑内吗啡的分泌会激活 A10 神经。A10 神经是唯一一条通过下丘脑、边缘系统及大脑新皮质三部分的神经。因此，这根神经从控制性欲、食欲、体温等非常原始的生理欲望的大脑区域，一直联结到掌管运动、学习、记忆的大脑区域，最后到达掌管人类高级精神活动的大脑区域以及前额联合区。

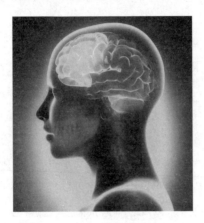

图 5.3　额叶脑解剖图

美国著名脑科学家林登在《进化的大脑》一书中说："额叶（前额联合区）是一个人性格的基础，决定了我们的社会交际和表现，甚至还决定了我们的道德感。我们的认知能力乃至我们的人格，可以说都存在于我们大脑中这一最新进化的区域。"

此外，脑内吗啡还能够激发创造力。由于脑内吗啡以右脑为主导，现在人们所提出的"右脑开发"，在某种意义上就是刺激脑内吗啡分泌。因此，如果说开发右脑可以提升自身创意，那么诱导脑内吗啡的分泌和 α 脑波的产生必然可以唤醒创意细胞。

不仅如此，在人的右脑中，还储存有保留着祖先遗传下来的智慧和信息的 DNA，研究证明，当我们的大脑出现 α 脑波时，右脑的活跃度明显上升，此时存储在右脑中的记忆或信息才能被唤醒。因此，脑内吗啡的分泌还有助于挖掘我们身上未知的潜能。

那么，有什么方法可以让如此神奇的脑内吗啡带给我们惊喜呢？

（1）静修

冥想、静坐、瑜伽等修行方式可以提高脑内吗啡的分泌量。有些人将爱好这些活动的人称为"脑内吗啡体验者"。在这些方式中，冥想的效果最佳，它能将脑波转变为 α 波。α 波大量产生，脑内吗啡也会随之分泌出来。

冥想的目的是驱除杂念，大脑被各种杂念充塞，注意力就很难集中。所以，冥想也是训练注意力集中的方法。即便我们无法做到让大脑完全排空，只要能将注意力集中到一件事情上，也可以促使脑内吗啡的分泌。

需要注意的是，冥想或专注力的训练，必须在安全环境中进行。因为此时的我们主动切断了与外界的感应通道，对外界危险的反应必然迟钝，有可能给自己带来危险。

（2）运动

除了安静的方式，跑步、爬山、打太极拳等运动也会提高脑内吗啡的分泌量。

村上春树在其新作《关于奔跑》中坦言，自从 1982 年秋的《寻羊冒险记》开始，他就养成了长跑的习惯，并且在长达 25 年的时间里，跑完了 25 次马拉松全程，甚至完成了 4 次铁人三项赛。"我想每年跑一次马拉松，这已经成为我生活中一个非常重要的部分。"而且与大多数有慢跑习惯的人不同，他在跑步中从不听音乐，而是在这个过程中完成了大部分作品的构思。"基本上这一天写什么、明天写什么，都是在跑步中完成的，然后坐在书桌前基本是把跑步的感觉落实下来就完了。我觉得人在跑步的时候思维是最活跃的。"

特别强调一点，虽然运动都可以促进脑内吗啡的分泌，但要避免做剧烈运动。尽管它也能帮助大脑分泌脑内吗啡，但是与此同时会产生大量的活性氧，运动越剧烈，产生的活性氧越多。活性氧对细胞、遗传因子和血管壁都有不同程度的伤害，它还会生成老化物质，是产生疾病和造成衰老的最大元凶。

（3）愉悦

笑一笑，十年少。轻松愉快的身心状态以及人的成就感都可以刺激脑内吗啡的分泌。所以，我们日常一定要保持微笑和心情愉悦。

（4）深呼吸

深呼吸也可以帮助分泌脑内吗啡。尤其在我们紧张的时候，不妨做一次深呼吸，对放松有不错的效果。气功也是同理。

（5）按摩

春山茂雄还指出，仅通过按摩面部就可以有效地分泌脑内吗啡。

4. 想象是创造力的翅膀

拿破仑曾说："想象力可统治整个世界。"《三体》《流浪地球》的作者刘慈欣谈想象力，曾这样说："想象力是人类所拥有的一种似乎只应属于神的能力，它存在的意义也远超出我们的想象。有历史学家说过，人类之所以能够超越地球上的其它物种建立文明，主要是因为他们能够在自己的大脑中创造出现实中不存在的东西。在未来，当人工智能拥有超过人类的智力时，想象力也许是我们对于它们所拥有的唯一优势。"

想象如同一张由脑细胞织成的巨大网络，让我们不断地在已经存在的思想之间建立某种新的联系，从而在一瞬间灵感乍现。这就是大自然赋予人类的创造优势。

想象力与人类渊源已久。有科学推论人类最早的想象力可以追溯到火。人类的祖先从发现到利用火的过程就是一次完美的想象杰作。当人类意识到火的作用时，他们开始看着跳动的火苗设想怎样把火保存起来，如何创造火，怎么利用火……可见，对未知事物的好奇与兴趣激发人类走上探索之路。不过直到文艺复兴之前，人类一直将创造力与某些外力联系起来，甚至认为这种神奇的能力来源于神灵的恩赐。被披上神秘面纱的创造力让科学家、艺术家们的思想局限于条条框框之中，却步不前。文艺复兴之后，人们的思想逐步解放，想象力日益丰富，各种创意也如雨后春笋般不断涌现，在各个领域开花结果。

图 5.4　想象力是创造的翅膀

如今有了科学背景，我们不再相信神话，大脑的多巴胺和脑内吗啡，还有神奇的右脑……所有这些都是我们激发想象、产生创造力的法宝，可以帮助我们在适当时机用正确方式进行思考，让我们的想象更具创造力。

具有创造力的想象是一种新颖、独立的想象，它并不是以前头脑中各种形象的再现，而是经过加工之后创造出来的新的形象。在创造性想象中，我们要保持和发展自己的好奇心，运用想象力去创造我们期待的一件事物的清晰形象。然后，我们要不断地将注意力集中到这个思想或者画面上，进行思维加工，给予它积极的信号和能量，直到最后它成为客观现实。这并非天才的专利，人类的思维天然具有创造性，大脑随时随地都在自动建立某种新的联系。从理论上讲，每个富有想象力的人都可能创意十足。

不过，创造性想象力不是凭空产生的，它需要大量的知识或者实践积淀。没有知识和经验的想象只能是毫无根据的空想，或者是漫无边际的胡思乱想。只有扎根于知识经验上的想象，才能闪耀思想的火花。《哈利·波特》的作者 J·K·罗琳介绍说，这个故事的灵感是 1991 年她在从曼彻斯特到伦敦的火车上萌发的。但当时她并没有立即动笔，在经历了许多事情、搜集了大量故事后，历时 7 年小说的第一部才问世。

知识越渊博，经验越丰富，想象力就越广阔。广泛的兴趣也可以催生想象力，特别是阅读文学书籍。文学艺术作品是想象的学校，对培养和提高想象力有非常大的作用。由于文学艺术的表现方式往往是最为形象生动的，人们欣赏艺术和阅读文学作品的时候必然会展开想象的翅膀。

此外，生活经验的多寡也直接影响到想象的深度和广度。因此，我们应当广泛地接触、观察、体验生活，并有意地在生活中捕捉形象，积累表象，为培养想象力创造良好的条件。

那么，我们该如何提高自己的想象力呢？

①保持好奇心。除了积累渊博的知识和丰富的生活经验，好奇心也必不可少，无论是孩童还是成人都是如此。巴尔扎克曾说过："打开一切科学的钥匙都毫无疑义地是问号，我们大部分的伟大发现应该都归功于'如何'，而生活的智慧大概就在于逢事都要问个为什么。"

②学会比较分析。例如，把不同种类的表象加以重新组合以

形成新的形象。《西游记》中的猪八戒这一艺术形象就是用这种组合法想象出来的；分析同类的若干对象中的最具代表性的特征，然后集中综合成新的对象。我们所熟知的"阿Q"的形象，就是鲁迅先生用这种方法想象出来的，"人物的模特儿，没有专用过一个人，往往嘴在浙江，脸在北京，衣服在山西，是一个拼凑起来的角色"。

③多观察思考。凡是身边想象力丰富的人无一例外都是善于观察和思考的人，通过细致入微地观察和思考，可以发掘更深层次的东西，而且可以更熟练地掌握事物的特征。

④开拓你的眼界。此外，闲暇时让自己无拘无束地去想象各种事物；多去不同的地方旅游，感受当地的风情和文化，可以看到更多新鲜的事物，这些都可以丰富我们的想象力。

最后，以《三种命运》中的一句话作结："如果人们停止了幻想，如果他们不面向宇宙的奇迹，那么这就是人类衰落的真正征兆。"

5. 情绪与创造力的化学反应

1977 年，美国诗人罗伯特·洛威尔去世，他曾把自己的躁郁症说成是"发动机出了毛病"。由躁郁症和临床抑郁症引起的精神失常是让人痛苦的。然而对艺术家而言，精神失常不见得是一种缺陷，相反很可能是一种动力。心理学家凯·贾米森认为，现已有充分证据表明人的创造力与情绪有关。

一般来说，情绪有正面与负面之分。一直以来，人们倾向于认为：积极正面的情绪有助于激发灵感，因为这种情绪可以使人心情开朗、思维活跃；而消极的情绪则不利于激发创造力，因为它们会使人烦躁，堵塞我们的思路。然而，随着研究的深入，这一观点得到了更新。

研究表明，积极情绪与消极情绪对于注意力的影响不成比例。心理学家埃迪·哈蒙·琼斯和他的同事们发现，影响一个人注意力范围大小的并非情绪效价（积极情绪、消极情绪之比），而是动机强度，也就是说你有接近或者避开某件事的欲望。具体来说，高兴是积极情绪，但它引起的动机强度并不高；而另外一种积极情绪——渴望，却能引发比较高的动机强度。

图 5.5 积极正面的情绪有助于激发灵感

对于注意力范围来说，动机强度比单纯的积极或者消极情绪更重要，而拓宽注意力范围和集中注意力对创造力而言又十分关键。

人的大脑有两个区域与创造力相关：一个与注意力控制相关，另一个则与想象力相关。一项神经科学研究表明，在富于创造力的人的大脑中，这两个区域的连接更加紧密。整个创意过程中，除了灵感乍现和那一刻的欣喜若狂，理性和冷静的专注更值得关注。事实上，富有创造力的人往往可以根据任务的需要，将两种看似不相关的心态完美地融合起来，这使得他们思维开阔的同时又能保持专注，充满幻想却又谨慎小心，拥有理性的直觉、尊重传统却又不吝于反叛。甚至可以说，他们的大脑如同一个万花筒，包罗万象，似乎乱成一团，却又富含内在逻辑。

另外，情绪的范畴十分复杂，并非只有简单的正负之分。而一些复杂、特殊的情绪对创意可能具有意想不到的效果。研究表明，与仅仅感受到积极或者消极情绪的人相比，那些有着特殊经历或有极端情绪的人在创造力方面更有优势。这是因为富有激情和强烈感情的生活可以加深人们的体验，有助于提升创造力。如果说智力因素可以使人富有创造力，那么情感投入则会带给人更大的惊喜。

而且，我们经常会体验一种复杂的情绪，它不能被单一地定义为高兴或者悲伤，它似乎是一种矛盾的情绪。"矛盾情绪"指的是同时感受到积极和消极情绪。卡内基·梅隆大学的克里斯汀娜·冯对此进行了研究，结果发现：同时体会到不同情绪（如激动与沮丧），意味着"某人处在一种不同寻常的环境之中"，这一点对于创造力的激发同样重要。

她还发现，"矛盾情绪"和特殊的环境通常是同时出现的。那些认为自己身处的环境与众不同的员工，往往具备更高的创意思维能力。这一点被很多公司领悟，比如艾迪欧公司在旧金山帕洛阿尔托市的办公室，天花板上悬挂着飞机和自行车，有塑料珠子穿成的帘子，全年都有如同圣诞树彩灯般的灯光闪耀。可见，"意外的事件会导致复杂情绪，而复杂情绪有助于让人们的思维更敏感。"

因此，想拥有良好的创造力，需要各种复杂情绪的刺激，而仅仅依靠积极情绪是远不够的。心理学家托德·卡什丹在接受《赫芬顿邮报》记者采访时说："总是感觉良好是有毒的。"人们追求快乐的天性很容易使人忘记有时糟糕的情绪也是必要的，科学已经证实："我们尝试掩饰悲痛时，会降低生产力和效率，并且最终感觉情绪更糟"。因为过于追求好的情绪体验，有寻求舒适和避免各种不适的强烈倾向，这很容易导致我们心理虚弱，创造力也就无从谈起。

当然，这并不妨碍我们对好情绪的期待，我们可以尝试着拥抱负面情绪，安抚它、理解它，或许它将与创造力碰撞出令人惊艳的火花呢！

6. 创造力与性别有关系吗

人们常说，理性是男人的特点，感性是女人的优势，而且很多行业里的领军人物似乎也多为男性。那么，男性真的比女性更有创造力吗，这究竟是事实还是刻板印象呢？

从脑科学的角度来看，两性之间的差异性确实存在。男性的情感是趋于理性的，这使得他们可以理性地思考和面对问题；而相对于男性，女性更善于分享感情，很容易与他人产生情感共鸣。

其实，从理论上讲，完美的大脑应当是介于男性大脑与女性大脑之间的状态。倘若能将理性的分析与感性的理解平衡和结合起来，必然会产生令人惊喜的结果。

很多天才艺术家都是接近这种状态的人，他们善于运用感性去追逐和捕捉灵感，然后用男性大脑的理性思维将其表达出来，从而成就一个个非凡的作品。

还有一些事业成功的女性商人，她们则善于用理性去分析市场、制定发展战略，然后以女性的感性思维去争取合作，寻找发展机会，从而获得事业上的风生水起。

虽然完美的大脑只存在理论上的可能，那些出色的天才也只是让左右脑的使用更加平衡，但是我们仍然可以通过两性合作的方式，激发出更多的灵感。

那么，性别与创造力之间究竟有没有关系呢？如何比较两性的创造力水平呢？2004 年，第一套适用于各类人群的创造力测试题问世，名为乌尔班的绘画创造力测试，缩写为 TCT‒DP。这套题可以测试不同受教育水平的对象，也不受语言文化和年龄的影响。其具体方法是让受测者在一个基础图形（比如一个正方形）上作画，然后对画的 14 个不同的维度（比如对不同形状的利用、对维度和空间的利用）打分，最后的总分就是创造力的分数。

研究者利用它对两性的创造力进行了测试。结果发现，男性和女性的平均创造力水平差异并不明显，但自我报告的创造力水平与个体的自测水平成正比例，尤其是男性自我报告的平均自测水平比女性更高。因此最有可能的一种情况是，不是男性更有创造力，而是他们高估了自己的创造力。

如果说上面的测试不足以否定男性更有创造力的说法，那么波兰研究者卡尔沃夫斯基等人在《思维技巧与创造力》杂志上发表的两项研究成果，或许可以让我们得出更确切的判断。

一项研究是对不同年龄组的个体进行追踪研究。这项研究以 4～7 岁的 351 个小朋友为测试对象，并对他们进行了为期两年的测试，两年内一共测试了四次。结果发现在不同年龄组内，创造力平均水平没有显著的性别差异（除了 4 岁组在第三次测试时出现了差异，但是第四次测试时这种差异又消失了），并且随着年龄增长，性别差异也没有出现。

他们还对男性组和女性组创造力测试平均分进行比较，分别设置了 4 岁组、5~6 岁组和 7 岁组，红色为男性，蓝色为女性。在先后进行的四次测试中，男性和女性的创造力平均分均没有显著差异，除了 4 岁组在第三次测试时出现了差异。

图 5.6　男性与女性平均创造力水平相近

当然，测试并没有忽略变异性的问题。他们研究了组内个体的差异，并用测量值的方差来表示。结果发现，男性的方差更大，而且这种差异最早在 4 岁就出现了。

这就部分解释了在两性平均创造力水平一致的情况下，为什么很多人会有"男性比女性更有创造力"的印象。并非因为女性的创造力发挥不出来，而是因为有创造力的男性更多，他们在现实世界中取得的创造力成就也更大。不过，男性群体中同样有更多创造力水平极差的个体，把整体水平降低了。也就是说，男性创造力水平高的极高，低的极低，很不平均。

卡尔沃夫斯基的另一项研究选取了波兰全国范围内 6~46 岁的 3 594 名被试者，其中有 1 932 名女性，对他们的创造力测试得分进行了统计分析。与上一项的研究结果一致：男性和女性的创造力平均水平没有显著差异，但是男性的方差值比女性更高。

绘画创造力测试的 14 项维度，分别测试了创造力的三个特质：适应性、原创性和新颖性。有意思的是，在对这三个特质的分数进行分析时，他们发现，女性在适应性水平上的平均分和方差值都比男性更高，而男性在新颖性这一维度上的方差值比女性更高，即两性平均创造力水平相近，只是在不同特质上仍存在性别差异。

最后，需要指出的是，当我们谈到创造力的时候，很容易混淆创造力和创造成就，也更容易被一些广为人知的个例影响，从而得出男性比女性更有创造力的结论。事实上，不是男性更有创造力，而是相比女性，男性的总体创造力水平分布更极端。就创造力的具体方面而言，男女各有所长也各有特色。

7. 造梦工厂不是童话

"你相信吗？有朝一日，这间房子旁的一块大理石板上会写着：西格蒙德·弗洛伊德博士于 1895 年 7 月 24 日在这里揭开了梦的秘密。"这是弗洛伊德在 100 多年前说的一段话。而在他之前和之后的人类历史中，无数的心理学家、哲学家都在探索着这些问题：梦是怎么产生的？我们如何做梦？梦与创造力之间有什么关联吗？

图 5.7　精神分析学创始人——弗洛伊德

我们先了解一下，当我们睡着的时候大脑里发生了什么。研究发现，当人睡觉的时候，大脑并非全部进入睡眠状态，而是醒着时常用区域的活动量会降低。这种现象被称为大脑的"局部睡眠"。其中没有睡的部分是脑干，它掌控着人的呼吸、血液循环等维持生命的活动。

睡眠大致可以分为快速眼动睡眠和非快速眼动睡眠。前者是指脑活动活跃的睡眠，后者则是指脑活动不多的睡眠。人在睡眠时，首先是非快速眼动睡眠，接着是快速眼动睡眠，然后又开始非快速眼动睡眠。人一个晚上基本要在两种状态间转换四五次。人在快速眼动睡眠时，脑波与醒着的时候是一样的，这时大脑仍处于工作状态。梦就是快速眼动睡眠中大脑工作在意识上的反应。

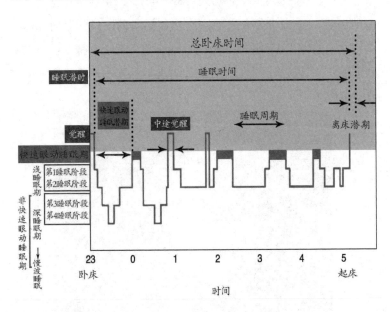

图 5.8　快速眼动睡眠与非快速眼动睡眠的循环交替

眼睛获取的信息被传到位于大脑皮质枕叶的视觉区，再由此传输到头顶联合区以及侧头联合区生成记忆。对侧头联合区进行弱电刺激，曾经发生的事情就会像电影一样，以很鲜活的视觉形象在脑海中浮现。可见，造梦的场所正是记忆视觉信息的侧头联合区。

那么，当人进入睡眠状态，出现梦境时，会引发大脑的什么活动呢？

哈佛大学医学院的近期研究发现，睡眠有助于大脑学习和解决问题，而做梦是大脑处理、解释和理解新信息的过程。而且梦境可以记录大脑在不同层面处理同一问题时产生的各种信息，这也意味着梦境可能反映了大脑对记忆进行串联的企图，这些记忆一旦串联起来，对人的帮助更大。

1965 年 5 月的一个早晨，保罗·麦卡特尼醒来时心头萦绕着一首曲子。他刚做了一个梦，这首曲子就是他在梦里听到的。他立刻起床用钢琴把他在梦里听到的曲子演奏了出来。他坚信自己曾经在某个地方，听某个人唱过这首曲子。他四处搜寻，却一无所获。于是，他给周围的人演奏这首曲子，听众也都表示之前从没有听过，他们都认为这是保罗自己创作的。可是，他对此依然将信将疑，不敢想象自己居然能根据做梦时听到的曲子创作出这首乐曲，这无疑像天方夜谭一样。

后来，当他决定正式宣布这首来自梦中曲的所有权时，灵感又一次拥抱了他，他把歌词也编写了出来，并对它进行了一些修改，然后录制出来，这就是《昨天》。时至今日，这首歌仍然是美国电台播放频率最高的单曲。

其实，类似的故事，我们应该也听过不少。比如，伊莱亚斯·豪在发明缝纫机前，一直为如何确保针任意穿过布料而苦恼。直到他做了一个梦，梦里的他被一群野人包围着，那些人要处死他。而在面临死亡时，他注意到野人拿的矛有些特别，矛的尖头部分带有孔形的洞。于是，针眼和针尖处于同一端的针得以问世。西班牙的天才画家萨尔瓦多·达利就因绘制梦境而闻名；英国的作家罗伯特·路易斯·史蒂文森的代表作《化身博士》中也有很多来自梦境的场景；还有德国化学家奥古斯特·凯库勒梦到蛇咬住了它自己的尾巴，从而提出了苯分子结构假说。

美国心理学家罗杰·谢泼德对梦中的创造力十分感兴趣，他说："这种梦说明了另一种思维，在该状态下'我'不是很清醒，思维还在进行，在'我'的大脑中说话。"

大脑是一个复杂的系统，一方面它有着严格的运转规律，每个组成部分都有条不紊地各司其职；另一方面，它又是无序的，当输入的信息发生了转变，将会引起运转的巨大变化。这一点和"蝴蝶效应"以及混沌理论类似，梦中的大脑正处于这种"混沌状态"，创造力就是这种状态的副产品。艾伦·霍布森是研究梦的专家，他说："梦境也许是我们最有创造性的意识状态，在某个梦境中，混乱且自然的认知元素的重组会产生全新的信息结构——新的理念。"

既然这种有创造力的梦大多发生在科学家、艺术家的身上，那么是不是富有创造力的人做这种梦的次数比普通人要多呢？心理学家们研究证实，在富有创造力的人群中，梦的记住数量是普通人群的 2 倍。而且他们还对那些声称自己从来不做梦的正常人进行临床研究，结果显示他们并非不做梦，而是醒来就忘记了自己做的梦。这些人通常爱好很少，即使清醒时也没有什么好的创意。

　　既然如此，如果我们每天坚持记录自己的梦境会使创造力增强吗？已经有相关实验对此做了论证，结果显示，人们通过不断地将清醒状态时的关注力重新聚焦到梦意识的运作上，让清醒和睡眠两种模式实现一种"杂交"，可以让人在清醒时更容易接触到在梦中普遍存在的创造力的飞跃和细化。

　　反复提及梦境内容同样塑造了超现实主义者的探索性飞跃，也造就了我们这个时代最著名的电影人，从大卫·林奇到克里斯托弗·诺兰，这些人都跨越了意识和梦境的边界来进行创作。

　　可见，梦与创造力之间还真的大有渊源。如果你也想像他们一样富有创造力，在光怪陆离的梦境中孕育灵感，不妨尝试着将注意力聚焦到大脑这一神奇的功能上吧。

8. 无聊和创造力不是一对冤家

"当无聊的时候，我感到很沮丧，那种感觉就像我本应该在做一些有价值的事情，但我就是没能让自己动起来。"

"我无聊的时候什么都懒得做。"

"疲劳的时候特别容易感到无聊，而无聊让我觉得更疲劳。"

"无聊的时候我只想睡觉。"

"外界对我的大脑刺激不够的时候我就会觉得无聊，比如排队的时候，或者翻来覆去给我的孩子朗读《无聊的意义》的时候，我感觉我的脑细胞昏昏欲睡。"

"我在情绪低落的时候就会觉得无聊。"

"无聊的时候就是在浪费时间。"

"无所事事的感觉就是无聊。"

这些是英国中央兰开夏大学的桑迪·曼恩教授在针对"无聊"进行调查时，受访者给出的回答。相信很多人会对这些话感同身受，我们都曾体会过无聊的滋味，不知道自己该做些什么，或者对很多事情都提不起兴趣。

有研究发现，超过一半的人经常感到无聊；甚至有调查显示，我们通常每周会有 6 个小时的时间对生活感到全然地彻底地无聊和厌倦。很明显，大部分人对无聊都有亲身体验。而且在我们的印象里，无聊是一种不受欢迎的情绪或者状态。几个世纪以来，哲学家、科学家、新闻记者和宗教学家都曾思考过无聊及其存在的意义，大部分人把它视作彻底的负能量。

美国心理学会的心理词典中将无聊定义为："由于对环境中的刺激缺乏集中注意而产生的一种疲惫或是倦怠。"然而，无聊只能给我们带来如此可怕的消极影响吗？桑迪·曼恩教授也许会说服你接受无聊，甚至会让你对它刮目相看。2014 年，桑迪·曼恩教授发表于英国心理学会会刊《创造力研究期刊》上的一篇文章向我们展示了无聊鲜为人知的另一面——无聊有助于创造力的提升。她是迄今为止为数不多涉足这一领域的心理学家之一，因此被称为"心理学的灰姑娘"。

图 5.9　无聊有助于创造力的提升

她的研究团队以 80 名成年参试者为对象展开研究。她给参试者 2 只塑料杯，要求他们尽可能多地想出塑料杯的不同用法。一组参试者直接接受任务，另一组参试者此前被要求连续抄写冗长的电话号码 15 分钟，或者干脆让他们持续朗读枯燥无聊的数字。结果发现，后者想出的塑料杯使用方法更多。"在工作场所，发呆常被看成是消极怠工。但这项研究告诉我们，在无聊的会场胡思乱想不算坏事。"曼恩说："调查显示，近 20 年，人们的智力不断提高，但创造力却在下滑。这是因为我们平时受到的刺激过多，比如可以在等公交车时看视频、在排队付款时玩手机游戏等，让思想没时间漫游。"

另一项实验表明，重复阅读在激发想象力方面甚至更有效。曼恩博士表示，原因可能在于，阅读比写作的注意力需求更低，让人有更多的时间去冥想，去"做白日梦"。

白日梦是人在清醒的时候，注意力由外部转向内部产生的，是一种思维漫游的状态，它能够将不相关的记忆碎片或想法联系起来。它通常是无聊的副产品，早有其他研究发现，人在迷迷糊糊时反而更有创造力。其实无论人在无聊时还是半清醒状态，大脑的抑制过程都处于最微弱的状态，思维可以无拘束地到处漫游，而这种不受限制的思维活动就给创造性思维提供了条件。

现在，手机在给人们带来便利的同时，对人们生活的入侵也渐渐成了一个社会问题。曼恩博士对此表示，手机等现代设备已经使人们置身于"忘记无聊"的危险境地，通过手机和网络寻找即刻的满足，结果反而更糟。"太多的外界刺激，导致我们的注意力始终被各种刺激牵着走，就像被困在跑步机上一样，最终越来越无聊。"

倘若需要创造性地解决工作上的问题，那么可以选择让思想漫无边际地奔跑起来，而不是一门心思地继续扑到已经遇到瓶颈的问题中，或者在回家的路上听歌、看视频。英国喜剧作家格雷厄姆·莱恩汉也指出："我会尝试各种办法远离网络，强迫自己感到无聊，因为无聊感是写作很重要的一部分，而网络使人很难感到无聊。创作的过程中会有一段时间感到无聊并停滞不前，事实上这是一段很不舒服的时期，因为人们往往会误认为作家遇到了瓶颈，但它其实只是漫长的创作过程中很平常的一部分。"

曼恩博士还表示，对儿童来说，适当无聊也非常重要。很多人担心无聊会害了孩子。然而，适当无聊能激发儿童的创造力。当然，她认为注意把握"无聊度"非常重要。

其实，作为一个信号，无聊感比其他任何事情都更能提醒我们，在一成不变的生活中需要寻求新的目标。人们常说的"劳逸结合"也是这个道理，其中的"逸"不仅仅指与工作学习对立的玩乐，更是一种让大脑放松的状态。有人提倡适度"放空"和"发呆"，这也是一种无聊的状态，不再将思维聚焦在某一个点上，甚至不关注外界变化，而是让注意力由外部转向内部，因此形成想象的飞跃，跳出常规。

无聊作为一种很难避免、频繁出现的日常情绪，对于进化心理学来说是难以解释的。一般情绪的演化总是趋向有利于我们生存的方向，而不是朝着自我毁灭的方向。这或许正说明，无聊并不像我们表面看到的那样一无是处，它一定有积极的一面。就像恐惧能使人们避免危险，悲伤能防止在将来犯错，谁知道当无聊陪伴我们的时候，又会有怎样的奇思妙想喷涌而出呢？

专栏：如何拥有源源不断的创意

（1）随身携带一个笔记本

无论去哪里，都随身携带一个笔记本，用来专门记录你随时产生的感想和奇思妙想。尤其在旅途中，大量的信息涌入大脑，一定有很多新鲜的念头值得诉诸笔端。

（2）运动

运动绝对是制造新想法的最好途径之一，哪怕只是出去跑一圈或者走一会儿。尤其是有氧运动，在汗水中提炼出来的主意往往创意十足。

（3）发散联想

随机选取图片，进行"图片联想"，让自己的大脑天马行空、发散思考所有可能的方案，这种方法很适合用于亟须突破的方案。它可以让你抽离得很远，放大方向和格局，再回到问题本身时，你会有意想不到的突破。

在日本，井字形的记事簿思考法很受欢迎，方法是将思考的主轴放在正中间的格子，再将发散联想到的相关事物写在其他的

8 个格子里。

（4）大量地阅读

阅读往往能带给人另一种视野。享受阅读的过程就是让大脑旅行的过程。阅读不仅可以让人收获知识，还能让人拓展思维的边界，从而激发创意的火花。

（5）拼图重组

重新组合旧的元素，往往能够迸发出新的灵感。例如：照相机加手机，成为照相手机；滑板加脚踏车，成为滑板车，等等。利用拼图重组，尽量找出各种可能的组合，也许就能从旧东西中变出全新的东西。

（6）多和有思想的人交流

有思想的人大多有一个有趣的灵魂，他们的想法独特而新颖，语言丰富而幽默，往往能几句话连通你的创意连线。

（7）逆向思考

如果任何事情只朝着一条直线思考，久而久之，思维模式就容易被固定住。谁说冰棒只能出现在夏天？清凉冰品在冬天也可以卖得火热。

（8）自我反省

花几分钟时间回过头来看看你的生活。你是谁？你从哪里来？你要去哪里？什么是重要的？你正在试图做什么？你做的是对还是错？问自己一些类似的问题，想一想你每天都在做什么，为什么这么做，这种自我反省能够给你一箩筐新鲜的想法。

（9）变换用途

试着将事物原本的功能转移到其他用途上，可以收到出乎意料的效果。比如，很多复古主题的餐厅，将很多早被淘汰的缝纫机、蓑衣、鱼篓等作为配合餐厅主题的装饰品，结果吸引了大批客人。这也是改变物品用途产生创意的好例子。

（10）检索新鲜资源

如果你每天都走同一条路回家，那么不如选一条新的路线来试试，即使它稍微远了一点。同样，你可以选择读一些新作者的书，重新布置你的家具，尝试听一些新曲子，与一些不认识的人交流……

（11）从大自然中获取灵感

自然是最大的创意宝库，多参加一些户外活动，有助于你发现更多的美景，激发更多的创意。

（12）角色扮演

将自己假想成你要扮演的对象，即所谓"角色扮演"，也是一种让脑筋转弯的好方法。在日常生活中，随时都能练习角色扮演。例如：如果我是某个事件的当事人，我要怎么处理这种纠纷？如果我是电视节目主持人，我要怎么访问来宾？换个视角和角色，将有助于找到自己独特的观点和解决方案。

第六章
让大脑释放天赋的绝佳补品

作为人类，我们的大脑拥有最高级的机能。然而要想激活大脑的功能，首要的就是让大脑处于舒适的状态。改善大脑环境需要从衣食住行做起，大脑只有感觉舒适了，它才会不吝于赋予我们生活的能量。

1. 阅读与它的高阶技能——快速阅读

"阅读的最大理由是想摆脱平庸，早一天就多一份人生的精彩；迟一天就多一天平庸的困扰。"

——余秋雨

"要学会阅读得花费大量的劳动和时间，为此，我自己用去了将近一辈子时间，但是还不能说我已经达到了目的。"

——［德］歌德

"我在悲痛时想在书中寻找安慰，结果不仅得到了慰藉，而且得到了深深的教诲，就像有人为了寻找银子，竟然发现了金子一样。"

——［意大利］但丁

人有很多潜能，其中最大的潜能源自大脑。阅读是激发大脑潜能最有效的途径之一，从本质上说，阅读就是思维、想象、判断和推理的过程。美国阅读专家 M·A·汀克认为："在绝大多数情况下，阅读时用于眼睛移动的时间仅占总时间的 5%，其余95% 的时间则用于思考。"

斯坦福大学的研究人员曾做过这样一个测验：他们召集了一

批文学博士，要求被试者阅读简·奥斯汀的小说。他们可以从两种不同的阅读方式中选择一种接受测试：一种是单纯的阅读，放松心态，就像平时休闲一样；另一种是批判性地分析阅读，和考试时对试卷的分析一样。当确定好阅读方式后，研究人员开始用功能磁共振成像仪对他们进行监控。

结果发现，被试者阅读的时候，血液会流经大脑中执行管理功能的区域，此外，还流经与掌管人脑短期记忆相关的区域。特别是人们在进行批判性阅读时，需要开启某些特定的复杂认知功能，但这项功能在平常是不工作的。

所以，研究人员通过对监控得到的数据分析，批判性的阅读和休闲型的阅读会引发大脑完全不同的神经训练，两种不同的阅读方式会刺激到大脑不同的认知功能。

除了阅读方式之外，不同的阅读内容同样会带来不同的效果。比如，给你一本简单易读的通俗小说和一厚本有点晦涩的名著，你会更喜欢哪本书呢？通俗小说简单易懂、情节吸引人，会让你阅读的时候感觉轻松愉快，而较为复杂的名著则会让你的阅读速度明显下降。所以，或许你会更喜欢前者。

然而，要想达到锻炼思维能力的效果，名著则是不可忽视的，尽管它们看起来可能有些吃力。英国《每日电讯报》报道了一项研究，称阅读莎士比亚等作家的严肃文学作品，有助于提高大脑的思维能力，引发读者反思。

英国利物浦大学科学家、心理学家和语言学家合作，通过大脑扫描监控了30名志愿者在阅读莎士比亚、华兹华斯和T·S·艾略特等名家作品时大脑的活动情况。然后，又将阅读的内容换成简单直白的现代作品，并再次对受试者的大脑进行监控。结果发现，文学大家的散文和诗歌可以激发更多的脑电波活动，而这项活动越多，说明脑反应越强烈。科学家表示，这种刺激有助于人保持阅读兴趣，继续阅读更多内容。

图 6.1　阅读是激发脑潜能的正向催化剂

研究还发现，阅读诗歌犹如大脑"火箭助推器"一般，能明显提高大脑右半球的活动，帮助读者结合自身生活经历展开反思。

因此，天马行空的通俗小说或许更容易带给人阅读的快感，但是严肃的名著，作者具有深厚的写作功底和丰富的生活经历，虽然初读时会感觉有些晦涩，而一旦深入阅读后，就会让人沉迷于其中的情节与场景，从而刺激大脑的记忆等功能，提高人的思维活力。"阅读时大脑中发生的神经变化与认知感受和运动系统相连接，这意味着人们阅读一本小说时可以把自己代入小说主人公的角色。"

一位日本学者的调查资料显示，平日里工作紧张、大量用脑的人，他们的智力要比懒散的人高出50%。英国的一位神经生理学家认为，人脑进入紧张的工作状态越早，持续的时间越长，脑细胞老化的速度就越慢。

阅读可以有效地帮助我们减少和杜绝大脑"生锈"的状况发生，尤其是快速阅读。这和近年来出现的"全脑阅读法""右脑阅读法"类似。这是因为快速阅读记忆是一种高强度的脑力活动，它可以让多感官同时调动起来，从而最大限度地开发大脑潜能，不断地给大脑以丰富的刺激。

传统的阅读方式是眼睛在每一个字间跳跃的点式阅读，大脑对信息的反应受制于目光移动的速度。阅读时眼睛在字上的停留时间为1/10秒至3/10秒，在字间的跳跃仅占5%左右。而且从阅读到理解要经过视觉、语言、听觉三个中枢处理信息过程才能完成。这个过程实际上是在"读书"，而不是真正地"看书"。

而快速阅读则是将点式阅读改变为整行文字的线式阅读，这种方法使目光不在单字上停留，而在整行文字上停留，眼球接受文字信号的速度将提高10倍以上，与大脑的思维速度同步。它是"将书面的文字信息对眼睛产生光学刺激之后所产生的整体文字图像，直接传送到右脑以图像的形式记忆住，之后再由大脑将文字图像解析出来"的阅读方法。

这种"眼脑直映"式的阅读方法省略了语言中枢和听觉中枢这两个中间环节，使义字信号直接进入大脑记忆中枢进行理解和记忆。因此，人眼睛所看到的文字就像图像一样进入大脑中枢，以与大脑思维相匹配的速度供给信息，使二者的工作协调，趋于同步，这就是快速阅读效率极高的主要原因。

快速阅读法小贴士：

①克服反复浏览的习惯，避免眼睛不断地来回移动。就科技读物来说，一般按顺序读一遍即可。如有必要，也要等整篇读完之后，再回头重复某项内容。

②要采用"筛选"式阅读法，有目的、有针对性地阅读。

③忌边看边读。

④在快速阅读时要尽量扩大自己的阅读视幅，使自己的视线与读物成垂直线，并充分发挥视线的"余光"作用，多看到一些文章内容。

⑤要全神贯注地阅读。即在快速阅读时必须专注。

⑥不但求快，更要正确领会书籍或资料的内容实质。因为这正是阅读时应理解的重点。

⑦要在阅读中运用多种记忆方法，有目的地边读边记。不要去记无关紧要的词句，把重点放在文章主题及内容实质上。

⑧经常训练自己的速读能力，长期坚持练习，以便形成习惯，巩固自己已经取得的成果。

2. 跳出心理舒适区，给大脑适当施压

在一本名为《你的生存本能正在杀死你》的书中，描述了这样的内容：今天的人类面临的一些健康难题，比如失眠、肥胖症、慢性疼痛、焦虑症、抑郁症、头痛、长期疲劳，也包括粉刺、痤疮、痘痘等皮肤病，它们都具有一个共同的诱因：人类容易出错的生存本能。在很多情况下，疾病的产生并不仅仅是身体机能的紊乱，还与大脑边缘系统有关。

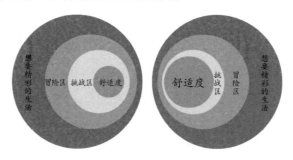

图 6.2　跳出心理舒适区

作家李尚龙说："在大城市里，搞废一个人的方式特别简单。给你一个安静狭小的空间，给你一根网线，最好再加一个外卖电

话。好了，你开始废了。"

倘若人长时间处于同一个状态，他的心理舒适区就会停留在一定范围；如果能跳出这个舒适区，拓宽眼界，勇敢地面对变化，那么这个舒适区也会随之扩大。然而，走出舒适区却并不是一件容易的事。

舒适区是指活动及行为符合人们的常规模式，可以最大限度减少压力和风险的行为空间。很显然，人能够从中受益，如低焦虑感、平常的幸福感、轻松的状态、得以释放的压力，等等。一个相对舒适的状态可以使行为处于稳定水平，从而得到较佳表现。然而很多时候，我们更需要一个相对焦虑的状态，即一个压力略高于普通水平的空间。这个空间被称为"最优焦虑区"或"学习区"，它刚好在舒适区之外。

这和健身的原理有共同之处。对于一个健身爱好者，跑步、骑车和游泳这样的运动，可以通过心率和呼吸的变化来观察训练的进展情况；还可以通过自己肌肉的变化看出健身的效果。而大脑里的任何变化都是无法用眼睛看到的，不过如果有目的地训练大脑的结构和运行，也能够产生巨大的变化和反应。

如果一个人没有健身的习惯，那么他在刚开始跑步的时候，会感觉到小腿是酸疼的。这是因为身体自身是一个平衡系统，当进入运动状态时，身体的消耗增加，而补给却没有跟上。当运动到一定程度时，小腿上的毛细血管会慢慢扩张，开始输送能量以供应你的消耗，这样使身体重新达到平衡状态。大脑也是如此，如果我们长久地让它闲置，不去思考和练习，那么大脑的功能不会有任何改变，甚至会退化，导致反应变得迟钝。

伦敦的街道错综复杂，而且主干道都不是直的，经常有交叉的情况，去伦敦旅游的人如果选择自驾，即便有导航指路，也很容易走错。所以，大部分人会选择乘坐那里的出租车，伦敦的出租车服务是全世界闻名的。司机都是经过层层测试，严格选拔出来的，每年都有严格的考试。司机必须对以查令十字街为中心约9.6千米半径范围内的区域有全面的了解。在这个范围内约有2.5万条街道，出租车司机不仅要熟悉这些街道和街道上的建筑物，还要在最短的时间内做出到达目的地的最优方案，甚至要说出沿途每一条街道的名字。于是，有人将伦敦出租车司机的大脑与另外50位男性的大脑用核磁共振成像进行比较，发现出租车司机大脑的海马体后端明显比较大，而另外50位男性则没有这个特点。

一个人遇到的挑战越大，为此付出的努力越多，大脑的变化也就越大。尤其当人在学习一项新技能时，这种变化尤为明显。不过如果过分地逼迫自己去不断迎接新挑战，反而会导致倦怠，使学习的效率大大降低。和身体一样，大脑更容易适应处于舒适区之外却离得并不太远的"甜蜜点"上的挑战。

休斯敦大学的布莱尼·布朗教授曾说："人们能做到的最糟糕的事情之一，即自以为是地觉得恐惧和不确定性并不存在。"走出舒适区的一个重要推手是勇于跳出固有思维的自我驱动力。而所谓固有思维，无非是思想懒惰。大脑也深谙此道，时不时给我们输送一些感觉很有说服力的理由，以便让自己停下脚步的时候心安理得。但我们不能被其左右，只有坚定信念，时时催逼自己，才能走出一条全新的道路。

在网上曾看过这样一段话：

"当我骑自行车时，

别人说路途太远，

根本不可能到达目的地，

我没理，

半道上我换成小轿车；

当我开小轿车时，

别人说，

小伙子，

再往前开就是悬崖峭壁，

没路了，

我没理，

继续往前开，

开到悬崖峭壁我换飞机了，

结果我去了任何我想去的地方。"

可见，跳出固有思维，走出舒适区，就是一种克服思想懒惰、积极主动寻找解决方案的正向态度，是一种笃信办法总比困难多的坚定信念。

客观地说，舒适区应该是一个中性的存在，也是大多数人从内心有趋向性的一种自然状态。离开舒适区必然意味着面临较高的风险和焦虑，它可以导致积极的和消极的结果，重要的是我们要保持一种警惕，避免让自己变成一只被煮在温水里的青蛙，同时又能营造一个让我们的焦虑感和压力较轻的空间，这样当离开它的时候我们才能有所收益。

3. 良好的睡眠能提高大脑的性能

"当你露宿野外时，呼呼大睡实在太过危险，"美国纽约罗切斯特大学医学中心麦肯·尼德加德教授说，"睡眠必定有其演化意义上的基本功能，否则它绝不可能在自然选择下存留至今。"

从我们出生的那天起，睡眠就一直伴随着我们，直到生命的最后一刻，也有人是在睡眠中离开的，并且我们一生中约有 1/3 的时间是在睡眠中度过的。充足的睡眠、均衡的饮食和适当的运动，是国际社会公认的三项健康标准。2003 年，世界睡眠日正式引入中国。越来越多的研究表明，睡眠不仅能使人的身体得到放松，还有助于保持大脑的最优活动状态。

为什么人类的身体要演化出这样一种神奇的机制呢？当我们闭上眼睛准备做个好梦时，我们的大脑又发生了什么呢？

睡觉是人体的一种生理反应，是大脑神经活动的一部分，是大脑皮质内神经细胞持续兴奋之后产生抑制的结果。人处于睡眠状态的时候，就是抑制作用在大脑皮质内占优势的时候。我们可以把抑制理解为休息状态，那么兴奋就是工作状态。抑制是为了保护神经细胞，以便让它们重新兴奋，使人们得以继续工作。

之前我们在解析梦的时候提到，当人们入睡后，大脑并没有离开工作岗位。通过脑电波活动模式的研究发现，人在进入睡眠状态后，大脑在两种模式中转换：快速眼动睡眠和非快速眼动睡眠。

非快速眼动睡眠大多发生在睡眠早期，它的特征是大量脑细胞的脑电波活动节奏缓慢（每秒产生 1 ~ 4 次）。随着夜色加深，我们逐渐进入快速眼动睡眠。梦的产生就是在此期间。

图 6.3　睡眠分期示意图

那么我们再来了解一下，睡眠对我们的大脑有哪些好处呢？

（1）帮助记忆

睡眠有助于我们记忆白天的经历。快速眼动睡眠对于情绪记忆和程序记忆非常重要；而非快速眼动睡眠则可以反映所谓"陈述式"记忆的存储，比如今天的早餐吃了什么。这些经历在睡眠期间不断重现，这个过程发生在海马体的神经元中，该区域对记忆非常重要。科学家在白鼠走迷宫的过程中对其海马体进行了观察和研究，结果发现在经历了走迷宫练习之后，当白鼠休息时它们的大脑中会重现通过迷宫的路径。可见，重放的过程有助于加强脑细胞之间的联系，对于巩固记忆非常重要。

人们还发现，大脑会在人入睡时对最近形成的记忆进行梳理、稳定、复制和归档，只保留它所需要的东西。一个晚上的睡眠可以使记忆抵抗其他信息的干扰，使我们能够更有效地回忆它们。睡眠在不同阶段做了一些改善记忆的事情，而醒着却做不到。

（2）恢复状态

有一种"突触平稳假说"的睡眠功能理论认为，在睡眠期间，大脑中的很多突触连接都减弱了。人在清醒的时候学习、处理各种信息，可以使大脑神经突触的连接得到持续性的刺激，这便是人类进行学习和储存记忆的方式。然而，就像人过度劳累的时候会疲惫不堪一样，神经元之间的紧密联系也十分消耗能量，这种状态无法维持太久。否则会导致人出现痉挛或者癫痫的症状。这就意味着，当大脑神经突触都达到饱和后，由于突触无法变得更强，大脑便不能再编码任何新的信息。通过睡眠有效地恢复状态，我们才可以在第二天继续工作和学习。

（3）排除毒素

睡眠还可以帮助大脑排除毒素。比如有研究发现，睡眠能够清理大脑在清醒时积累的毒素，其中某些毒素还与神经退行性疾病相关。脑细胞在睡眠期间得以扩展空间，从而使得有毒的蛋白质被排出，以帮助我们远离神经退行性疾病。

遗憾的是，为了赶工作进度，为了考前复习，甚至为了多看一会儿视频，多玩一会儿游戏，当我们需要更多的时间时，首先被压缩的往往是睡眠时间。虽然人们也品尝过熬夜后的滋味：感觉身体被掏空、暴躁易怒、很难集中注意力等，但是却从未认真地了解过睡眠不好究竟会给人的大脑带来什么影响。

打哈欠是提醒我们睡眠不足的首要标志。如果一个人连续18小时没有入睡，他的反应时间将从0.25秒变为0.5秒并继续变长，甚至会产生阵发性昏睡；每2～20秒就会发现需要重新读一遍刚才读过的东西，眼皮变得越来越重；当连续20小时没有入睡后，人将开始打盹。有研究表明，人处于这种状态下的反应速度基本等同于血液中酒精含量为80毫克/100毫升的人，若是在这种状态下驾车，很容易发生事故。

睡眠不足会造成大脑哪些功能失调呢？科学家们从一个超过4万人的睡眠数据库中挑出了1万多名志愿者的数据，他们的年龄为18～100岁，每日睡眠0～16小时，且接受过认知能力测试。测试内容包括短期记忆力、逻辑能力、计划能力、语言能力等共12个维度的认知能力。

通过将睡眠时间与认知能力进行比较，研究人员找到了"最佳睡眠时长"。和我们的常识一样，每天的最佳睡眠时长为7～8小时。倘若睡眠不足，相应的认知能力就会出现明显下滑。对于每天睡眠时间不足4小时的人来说，他们的大脑好像"老了8岁"。

对于睡眠不足的危害，人们似乎都已经有了共识。那么，是不是睡得越多越好呢？

调查发现，倘若每天睡眠时间过长，志愿者的认知能力同样会出现下降。比如短期记忆力、逻辑能力、语言能力等都受到了影响。可见，有些人在熬几个通宵后，常常为了补觉而睡得太多，可能还会进一步带来负面效果。

除了要确保有适合自己的睡眠时间，睡眠的质量也关系着大脑的性能。那么，如何为大脑创造一个良好的安睡环境呢？

①调整生物钟，让睡眠恢复本来的节奏。睡眠障碍多由生物钟紊乱引起，其最佳的治愈途径除了药物干涉，就是要让睡眠时间恢复到正常的节奏。

②营造良好的安睡环境。保证卧室没有光线污染，降低噪声，并且尽量让室内温度保持在18℃～21℃，关闭手机等含蓝光的设备。

③注意睡前饮食。晚饭不宜吃得过饱，也不要食用太多不易消化、太油腻的食物。睡前1小时内不要吃东西，6小时内不要喝含咖啡因的饮品。

④放松并清空大脑。睡前尽量不看手机，不去想工作、学习上的事情，安静地做好入睡准备。

⑤选择适宜的寝具。睡觉时，贴近头部的是枕头，因此选择一个舒适的枕头是很必要的，注意枕头的高度在6～8厘米为佳。此外，一件吸湿性好、贴身的睡衣也能帮助提高睡眠质量。

4. 科学有氧运动统筹左右脑平衡

"众所周知，运动让我们更健康，但大多数人都不知道其中的原委，我们仅仅认为运动释放了压力、减轻了肌肉张力，或者增加了内啡肽。其实，令我们心情愉快的真正原因是：运动使我们的大脑处于最佳状态。而且运动不仅对身体有益，还有更为重要和更吸引人的优点。强健肌肉和增强心肺功能只是运动最基本的作用。我经常告诉我的患者，运动最关键的作用是强健或者改善大脑。"

这是美国哈佛大学医学院的约翰·瑞迪教授在《运动改造大脑》中的话。他认为："运动是天然的健脑丸。以前我们常通过药物的方式治疗精神疾病，例如抑郁症、多动症，而现在我更倡导用运动的方式强化大脑机能。对正常人来说同样适用，运动可以让你更聪明！"

如果说 1968 年肯尼斯·库伯的"有氧运动"理念，让我们认识到运动促进身体健康的意义，而今瑞迪教授及其团队的研究则点燃了运动通往大脑的火炬，重新塑造了运动的新价值。

首先，需要推翻一直以来人们嘴边常说的"四肢发达，头脑简单"的观念。它真的有科学依据吗？其实没有，要知道任何一种运动都是由大脑来支配的。所以，无论是竞技运动，还是健身运动，当肢体在活动的时候，大脑也在通过发出指令支配着我们的身体完成一系列动作。

我们不妨回想一下，吸引世人关注的 NBA 球赛造就了众多的球星。难道他们仅仅是因为球打得漂亮就深得球迷的喜爱吗？如果想要拥有高超的球技，那么聪明的大脑是一定少不了的。球场上意外频发，很多状况都需要大脑在极短的时间内进行反应和处理，离开了灵活的头脑，根本无法赢得比赛。

所以说，四肢发达与头脑发达往往是并存的。好的头脑有助于我们运动，反过来，合理的运动同样对我们的大脑有许多好处。

（1）精进思维

已有研究发现，经常从事体育活动的成年人弹性思维能力更强。而且那些身体锻炼更多的人拥有更大的脑容量以及更完整的脑白质。脑白质是脑部的电缆，它负责将信号在不同区域进行传递。

"我们观察了 60~80 岁的 100 个成年人，使用加速计来客观检测他们的脑部活动，检测进行了一个多星期。我们发现那些更活跃的成年人中，自发无意识脑部活动呈现更多的即时反馈波动。在先前的研究中显示，那些在脑部一些相同区域具有更高可变性的人，在复杂认知任务，尤其是那些智力倾向和记忆力任务中表现得更好。"负责此项研究的人员表示。

（2）增强活力

运动能够引起肌肉收缩。当人体肌肉收缩时会产生一种信号，通过脊神经上行传导到脑干网状结构，再到大脑皮质，引起神经兴奋。这种不断产生的良性而有节奏的刺激，大大地提高了大脑皮质细胞的活动能力，使人更加富有活力。

（3）提高记忆力

一项针对青少年、中年人和老年人的实验显示，人的身体越健康，大脑结构越完善。有氧运动可以有效刺激大脑中的海马区。因为海马区是控制学习和记忆系统的核心，这项研究也从侧面证明，身体健康与记忆力紧密相关。同时，记忆力的强弱还与人的呼吸系统、循环系统以及血液中血红蛋白的含量有关。长期合理的运动可增加血液中血红蛋白的含量，从而增强大脑记忆力。

（4）集中精力

锻炼还能使人的注意力更加集中。在一所学校的调查中发现，课间 20 分钟的体育锻炼可以延长学生的注意力集中时间。同时，美国一项为期一年的调查也显示，学生在放学后进行锻炼，不仅使身体更加健壮，他们的自控力也得到了提升。

（5）减轻抑郁

我们经常会看到媒体报道有人饱受抑郁症的困扰，目前抑郁症已成为现代人健康的棘手问题之一。抑郁会减弱大脑加工信息的能力，使人难以专注及做出决策，还会导致记忆问题。倘若程度较严重，必须及时就医，通过服用药物改善病情。如果是轻度抑郁，运动对病情的改善有不错的效果。这是因为运动可以促使身体合成血清素和多巴胺，这些正是产生快乐情绪的脑内化学物质。

（6）缓解压力

运动可以有效降低压力的影响。皮质醇又被称作"压力激素"，很多时候我们思考变慢以及健忘可能就是皮质醇导致的。而运动能降低皮质醇在身体中的含量，让思维更加清晰和活跃。同时，运动锻炼还可以消除身体的疲劳和懒惰感，能使体内产生内啡肽。内啡肽具有镇静作用，使人们放松和平静。

那么，我们应该怎样运动才能改善大脑？约翰·瑞迪的建议是，我们应当先健身，然后不断自我挑战。运动计划因人而异，但科学研究表明，你的体能越好，大脑的适应力就越强，在认知和心理方面的能力也就越出色。

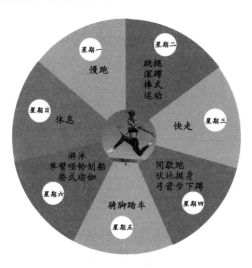

图6.4　科学有氧运动周图

倘若你之前没有健身的习惯，也没有进行过规律的运动，最好先从步行开始。梭罗、尼采等名家都曾声称，散步给他们的想象插上了翅膀。不管是在跑步机上挥汗如雨，还是绕着小区周边散步，都能让思维活跃，触动想象力产生的区域。

我们可以尝试走楼梯代替乘电梯，午餐之后绕着写字楼散散步。需要注意的是，掌握正确的走路姿势和走法是很重要的。要尽量做到背部挺直，肘部略弯曲大幅度摆动，脚尖蹬地脚跟着地。步幅标准一般为"身高 – 100（厘米）"。如身高 170 厘米的人，步幅控制在 70 厘米左右为佳。现在流行的计步软件也是一个不错的助手，不仅可以帮我们测算出步数、距离和所消耗的能量，以及心跳等健康指数，更有助于我们保持专注力和积极性。

最后，分享几种大脑喜欢的运动方式：

①跳舞

研究发现，跳舞能有效降低人罹患认知障碍的风险。跳舞可以同时调动大脑中多个区域的神经功能，使手眼的协调能力得到很好的锻炼。

②游泳

水面达到心脏的位置可以有效增加大脑中的血液流量。澳大利亚的研究团队发现，当参与者浸泡在水中时，他们大脑中动脉的血流量增加了 14%，大脑后动脉的血流量增加了 9%。

③骑行

人在骑行的过程中，既要注意周遭环境的影响，又要做好平衡手脚的工作，能促进血液循环，让大脑摄入更多的氧气。因此，骑行可以使人感觉头脑清楚、思维清晰。

④打乒乓球

科学研究表明，打乒乓球要求大脑快速紧张地思考，能促进大脑的血液循环，供给大脑充分的能量，具有非常好的健脑作用。

5. 优质社交是大脑的营养剂

"我们的大脑天生就与他人相互连接。人类的社会心理一部分可以追溯到亿万年前最早的哺乳类动物时期，而余下的社会心理则是在最近才进化出来，而且很可能是人类独有的。理解这些心理机制如何驱动着我们的行为，对改善我们的个体生活和群体生活都至关重要。"

这是心理学家马修·利伯曼在《社交天性》这本书里的一段话。

很多科学家都认为人类与其他灵长类动物一样，天生就是社会性动物，因此人类的大脑中也具有相当部分的社交属性。社交大脑赋予了人类繁衍后代、点燃火堆、外出狩猎或资源分配的能力，甚至使人类学会了使用和制造工具，让我们站在了食物链的顶端。

1992 年，英国人类学家罗宾·邓巴提出了"社会性大脑"理论，想要维持较大、较安全的群体完整性，就需要分析社交关系网内所有的关系。而这种需求驱动了灵长类生物拥有更大面积的新大脑皮质。人类如此高比例的新大脑皮质恰恰适应了这种需求，一旦脱离了群体，人类就会失去获取食物和配偶的机会，基因也无法复制和遗传下去。这种天然的社会属性让人们更加倾向于社交活动。

随着对大脑研究的深入，人们发现猴子、狗等群居性动物的大脑进化速度要比猫等独居动物更快，这是由于群居和社交需要更多的沟通与合作，从而对大脑提出了更高、更复杂的要求。人类无疑是社交能力极强的群居动物，社交的需要深深根植于生活之中，复杂的社交活动也大大增加了信息量，对智力的依赖性也更强，而这些都需要更强的大脑的支持。

英国的一项研究发现社交互动与脑部结构存在联系。与不善于社交的人相比，生活中那些"社交达人"的大脑的某些区域会增大，联系也更强。这部分增大的脑区就是颞顶交界处，即前扣带皮质和前额叶皮质，这些都是涉及"心理化"的脑部区域，拥有控制自己精神状态、思想和信仰的能力。

"大脑一直在不断地改变和优化来反映你的需求，如果你需要在复杂的社交环境中'如鱼得水'，那一定会反映在大脑的变化中。"

社交需要人们运用一定的方式向对方传递信息，与对方交流思想，以达到某种目的。因此，社交能让大脑的认知能力得到极大的锻炼。比如，参加一次聚会，我们要和与会的朋友们交流，就要将注意力分配到很多人身上，在整个过程中，大脑会不断地出现对方的信息，以及我们期待实现的沟通效果。大脑皮质在整个过程中都处于兴奋状态。

社交中最重要的一环就是与人交流，语言是必不可少的。语言的演化与人类大脑的演化是交互作用的，正因如此，才使得我们在身心技巧上得以胜过其它灵长类动物。社交的很多场合都需要活跃气氛，这就需要我们从大脑"数据库"中筛选一些能引起对方兴趣的话题，再辅以幽默的表达，从而达到更好的交流效果。可见，即兴的语言交流对理解力、概括力和推断力都有很好的促进作用。如果我们不锻炼自己的语言技巧，一部分大脑就无法与其他神经结构建立有效的连接。因此，长期参加社交活动，经常与人交流，可以让我们的大脑得到更多的活力养分，尤其是优质的社交更能让我们从中汲取他人优秀的思想，获取更多的信息，从而刺激大脑发挥出更大的潜能。

还是以《社交天性》里的一段话作结吧："尽管我们通常倾向于认为，智人（生活在距今25万至4万年前的古人）之所以能够称霸地球，就是因为我们拥有独一无二的抽象推理能力，但是，现在已经有越来越多的证据证明，作为一个物种，我们人类的优势或许应该归因于我们可以进行'社会的'思考。伟大的思想几乎总是需要人们发挥团体合作精神才能付诸实施、开花结果。"

6. "吃"的奥秘

习惯走神、持续发呆、容易冲动、突然变得健忘、发觉自己的敏感度下降了……当这些问题开始"敲门"的时候，不一定意味着你有性格缺陷，很可能在提醒你，你的大脑正在走向亚健康，甚至病了。

大脑健康是幸福生活的保证，敏捷而清晰的思路和可控的情绪是我们快乐生活的关键。一旦大脑出现问题，将会给全身带来不适。大脑约占身体重量的2.5%，却消耗了人体静止状态下22%的能量。而脑部所需养分的最大来源就是食物。西方有句谚语，"You are what you eat"（人如其食），因此，健脑最关键的一步，要从"吃"开始。

首先我们要培养科学的饮食习惯。

（1）远离外卖，动手烹饪

烹饪能轻易让大脑活跃起来，效果可与运动媲美，是一种"边组织各种准备工序，边酝酿多个菜谱的复杂而高级的智力活动"。

研究发现，人在烹饪的时候，大脑的积极性会得到极大调动。从辨别食材的情况备料，到手眼配合开始烹饪，整个过程汇集了很多促成进行智力活动的脑区活跃的要素。而当菜品完成，与家人一同分享的时候，快乐的情绪还会进一步刺激多巴胺的分泌。

（2）控制热量摄入，无关焦耳的数字

控制热量摄入可以有效地减肥或者保持适宜体重，有助于降低阿尔茨海默病，以及睡眠呼吸暂停综合征、高血压和糖尿病的发病概率。然而这与单纯地看着热量的数值表进食是两个概念。毕竟，对于获得健康、减肥或预防疾病来说，食物的质比量更重要。同样是 2 092 焦耳热量的食物，一份汉堡与一盘三文鱼的效果是截然不同的。因此我们在控制热量的前提下，还要保证食物营养的丰富、均衡。

（3）不排斥脂肪，选择优质脂肪

脂肪俗称油脂，作为人体的三大供能营养之一，是大脑的重要构成物质。油脂中90%以上是脂肪酸，对大脑细胞的生长发育有着极为重要的作用，它还为人体提供了重要的"必需脂肪酸"。

大脑60%左右的固体重量为脂肪，所需要的脂肪供应量也最多。尽管人体有合成脂肪的功能，但制造神经细胞所必需的两种脂肪酸——亚油酸、α-亚油酸，人体却不能自行合成，必须从饮食中摄取。

生活中人们对脂肪是存在偏见的，其实脂肪并不仅仅是赘肉和不健康的标志，相反，一些好脂肪是人体必不可少的。必需脂肪酸不但可以改善智力、平衡心态，还能有效降低患癌症、心脏病、过敏、关节炎、湿疹等疾病的风险。

健康的脂肪可以使人产生饱腹感，富含脂肪的健脑食物包括鱼类、贝类、部分肉类（牛肉、羊肉和有机家禽肉）以及部分蔬果（牛油果、可可、椰肉、坚果、橄榄）等。鱼类被称为智能食物，其含量丰富的 DHA 可以帮助人们活化神经细胞，改善大脑功能。

（4）早餐一定要吃

有调查显示，现在有超过一半的单身年轻人经常不吃早餐。其中，大部分人很容易感受到不吃早餐或者吃低质量早餐所带来的负面影响。有超过一半的受访者感觉缺乏能量，心情抑郁；还有一部分受访者表示工作效率会降低。

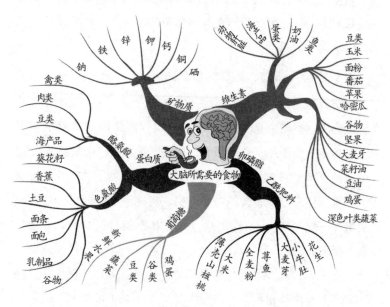

图 6.5 合理膳食，做到大脑营养匀衡

早上醒来后，体内的血糖处于最低水平。生理学研究也证实，大脑的能量主要来自血糖，因此维持血糖水平对于保护大脑功能非常重要，而这项工作是由早餐负责的。

（5）警惕缺水状态

很多人可能想不到，我们的大脑里约80％的空间是水。让大脑保持充足的水分有助于优化大脑的功能。如果大脑缺水，哪怕只有2％，也会对人的注意力、瞬时记忆和体能等方面产生影响，还能引起脑萎缩、记忆力变差等情况。一项研究发现，缺水的飞行员在飞行时的表现是不合格的，特别是在工作记忆、空间定位和认知能力上。

（6）适当禁食

柏拉图曾说："我为身体和大脑更高效而禁食。"与其他很多哺乳动物不同，人类的大脑可以在饥饿状态下使用替代的热量。平日里，我们的饮食给大脑供给葡萄糖作为燃料。在两餐之间，这份燃料就从肝脏和肌肉中的糖原中分解出来；而当缺少食物摄入持续3天左右时，人的肝脏就开始用身体里的脂肪制造酮。对于大脑而言，酮是一种高效的能量源，使得大脑在缺少食物供给的时候维持正常的认知功能。

因此，间或禁食不仅可以启动产生脑源性神经营养因子的基因机制，一系列有益于身体的蛋白也会产生，从而增强解毒作用，减轻炎症并且增加保护大脑的抗氧化物质的产生量。

（7）不要酗酒

我们知道"小饮怡情，大酗伤身"，过量饮酒会抑制大脑和中枢神经系统的功能，同时，酒精进入血液后会影响大脑和思维过程，进而导致身体行为的变化。由于酒精延缓人的神经传递，所以人的反应速度也会受到影响。尤其是长期酗酒的人，可能会出现认知障碍，导致无法处理信息，进一步损害大脑功能。

那么，大脑究竟喜欢哪些食物呢？

①富含硒的食物

作为一种抗氧化剂，硒可以改善情绪、提高思维能力和精神，是维持脑部健康的不可或缺的微量元素。为保证大脑健康，每天应从食物中获得至少 55 微克硒，如食用全麦面包、金枪鱼、巴西坚果等。

②富含维生素 B 的食物

维生素 B 对神经保护层有益，还能产生神经交流所需的化学元素。人如果缺乏维生素 B 将会导致大脑衰退。肉类、海鲜、全谷物、葵花籽等都含有丰富的维生素 B。

③富含维生素 E 的食物

研究表明，维生素 E 是预防痴呆的一种抗氧化物。富含维生素 E 的食物有葵花籽、红薯、甘蓝、麦芽和植物油等。

④木犀草素

木犀草素可以镇静对大脑有害的过分活跃的免疫细胞，同时帮助减少噬菌体形成蛋白。富含木犀草素的食物有芹菜、菠菜、胡萝卜和橄榄油等。

⑤蓝莓

蓝莓被称为"健脑莓"，它能提高短期记忆力，还可以有效抗击炎症和氧化物，而这两样都是导致阿尔兹海默病的重要因素。

除了以上列举的这些，还有很多健脑食物。但客观地说，没有一种饮食模式可以让大脑永远保持最优状态，自然也不存在某种神奇的食物可以真正让大脑保持年轻。但是，食物中确实含有能够促进大脑健康以及延缓大脑衰退的物质，配合良好的饮食习惯，就可以有效改善大脑的功能，提高生命质量。

7. 学到老，才不会老

"停止学习之日，即是衰老之时。"法国卢兹老年大学的座右铭如是说。

随着年龄的增长，大脑会发生什么？这个问题并不难回答。在人的一生中，大脑的变化远比身体的其他部分要多。从胎儿到老年，其结构和功能一直都处于变化中。虽然大脑老化是一种生理趋势，在一定程度上无法避免，但我们仍然可以采取一些行动减缓其老化的速度。

最有效的方法就是保持学习。提到学习，我们似乎会很自然地联想到意气风发的年轻人，觉得只有他们才拥有学习能力。随着年龄的增长，越来越多的人会选择放弃学习，自认为大脑已经不会再接受新的知识，不会再有创新的可能了。

事实上，很多人即便到了中老年依然能够保持旺盛的精力和学习的热情。牛顿写出《自然科学的数学原理》时，已经40多岁了；达尔文20岁时开始航海旅行，直到他50多岁时，《物种起源》才问世；歌德更是在其晚年时，才完成了巨作《浮士德》。

有研究人员在世界很多地方进行调研后发现，大多数从事创造性劳动（脑力劳动）的人具有健壮型神经，即使耄耋之年也健旺不衰。

日本著名的医学博士春山茂雄结合大量临床试验研究发现：善于思考的人，其大脑分泌的脑内吗啡是自然吗啡的 5～6 倍，脑内吗啡不仅能改善大脑功能，让脑细胞年轻化，还有助于增强免疫力。有日本学者对 2 000 名 20～80 岁的健康人进行对比研究发现，那些积极用脑的人，其思考力到 60 岁时仍像 30 岁时那样敏捷，而那些懒于动脑的人脑力老化明显加速。

图 6.6　活到老，学到老，永葆大脑脑力

英国科学家也发现，脑运动可以更有效地促进脑健康，协调全身功能。人在用脑时脑血管处于舒张状态，以保证充足的氧和营养，延缓中枢神经老化。曾经有医生接诊过一位年过七旬的老人，发现他的大脑回路居然和 20 岁的小伙子一样饱满，几乎没有一点皱褶。后来通过了解得知，这位老人一生从事脑力及艺术类工作，晚年也没有停下学习的脚步，经常关注行业内的最新动

态，甚至还在学习新的技能。

因此，我们不要停下学习的脚步，让大脑接触一些它喜欢的事情。

（1）思考

医学认为："最好的脑锻炼方法就是接触能让你去动脑琢磨的游戏。"一些简单的益智游戏可以让大脑得到锻炼，如象棋、桥牌、麻将、俄罗斯方块等。当然，如果以此为借口沉迷于游戏，反而会得不偿失。

（2）培养兴趣爱好

不同的大脑区域掌管不同的身体活动。长时间忙于工作会使大脑的某一部分持续处于紧张状态，造成疲劳、压抑，而兴趣爱好可以让大脑得到休息和放松。临床研究证明，与兴趣广泛的人相比，缺少爱好的人抑郁程度更明显。

（3）颜色

斑斓的色彩可以提升大脑的认知和分析能力，不仅仅是孩童，成人也需要多彩的世界，以此来刺激和愉悦感官，帮助大脑记忆。

（4）训练思维

加州大学旧金山分校的神经学家迈克尔·梅策尼希博士说："人的大脑就是一部学习机器。"他开发了一个电脑训练法，要求人以越来越快的速度去分辨声音，这样可以提高大脑对信息处理的速度。其实类似的软件和方法有很多，只要它能够给你带来挑战，或者吸引你的注意力，就可以刺激大脑进入学习模式，从而让大脑变得更加敏锐。

（5）艺术

一项研究表明，与从不跳舞的老年人相比，每周跳舞 3～4 次的老年人患阿尔兹海莫症的风险要比前者低 75%。跳舞是一种非常复杂的有氧运动，它要求人识别和跟随音乐的节奏进行肢体活动，从而增加流向大脑的血流量，改善大脑的功能。演奏乐器也是如此，无论是演奏萨克斯管、钢琴还是四弦琴，都可以明显改善人的记忆功能。

美国斯坦福大学医学院研究发现，听音乐也有助于提升脑力，有助于集中注意力和将事件存储为记忆。

需要注意的是，当信息量超载，超过大脑接收限度或大脑处于疲劳状态而强迫其接收时，反而会引起大脑皮质的兴奋与抑制功能失调，从而导致体内机能紊乱，出现头昏脑涨、烦躁易怒、呕吐厌食等症状。很多接触大量文献资料、反馈信息的科技人员和行政事务人员，以及长时间沉溺于电子设备的人员都容易出现这些问题。

"老骥伏枥，志在千里。"年龄从来不是停止学习的借口，不要因为年龄的增长而放弃了对未知的探索，始终保持一颗进取之心，在历经岁月的洗礼后，你的头脑依然会绽放出智慧的光芒。

专栏：改善大脑功能的日常生活方式

（1）午睡让你的大脑变得"灵光"

一份有关午睡的学术文献称："即使对于每天晚上都需要睡眠的一般人来说，午睡也可以在情绪、机敏度和认知表现方面带来可观的益处……它对人们进行逻辑推理、快速反应和符号识别等任务尤其有用。"

午睡可以让人的大脑得到休息和恢复，帮助人们记住复杂的概念，甚至增加心流体验，这是一种深层而有力的沉浸，也是创造力的来源。

（2）尝试用绕口令激活大脑

如果你能听清 2 倍速的谈话，不妨尝试一下自己开口说几句。曾有研究显示，让参与者每天进行几分钟的绕口令练习，结果他们的认知力和记忆力都提高了 10%～20%。

绕口令有不同的难度，从简单的开始，能够准确无误地说出来后，再循序渐进地挑战难度更高的绕口令。练习技巧是：看着内容，反复高声读出来，这样还可以同时锻炼你的视觉和听觉。

（3） 简单的计算不要依赖计算器

自从人类有了数字的概念，计算就成了生活的一部分。然而随着各种计算器和软件的普及，人们已经开始依赖工具的便捷，而懒于思考计算了，长时间让大脑的这部分功能闲置，你就会对计算问题愈发力不从心。

因此，简单的计算尽量心算。脑力的竞争是未来的趋势，虽然心算比较麻烦，但却是提升脑力的最佳锻炼方式之一。

（4） 用笑容感动大脑

亚里士多德曾说微笑是人类独有的表情。虽然动物也会有类似的表情，却有着完全不同的生理机制。科学研究发现，当人放声大笑时，可以使大量的新鲜空气进入肺部，同时血液循环也得到改善。如此，大脑也可以吸收到充足的氧气，从而变得精力充沛、元气十足。

（5） 让生物钟告诉我们时间

现在人们已经习惯了每天清晨被闹钟叫醒；无论身在何处，即便没有戴手表，手机也可以告诉我们时间；工作的时候，电脑屏幕右下角就有时间显示……我们对时间的掌握可以精确到秒，然而人自身对时间的本能直觉却在变得迟钝，这意味着大脑的反应也慢了。

因此，我们可以尝试甩掉对钟表的依赖。你应该有这样的经历：第二天有重要的事情，闹钟还没有响，你却提前醒来。这就是我们体内的生物钟在起作用。所以，没有时间约束的假日不妨试着锻炼一下依靠生物钟早起。

(6) 90分钟工作频率

如果你的学习和工作允许，不妨把时间以90分钟为单位切分一下。

人的专注力是有时效的，长时间处于精力高度集中的状态很容易导致大脑疲劳、注意力分散，继续勉强学习和工作很容易出现一些问题。当然，休息的时间也不宜过长，否则大脑会进入休息模式，适得其反。

(7) 莫扎特的治愈系音乐

据英国《新科学家》杂志网站报道，莫扎特的奏鸣曲能提高大白鼠的学习和记忆能力。一项新研究发现，听了莫扎特的奏鸣曲的大白鼠，其大脑海马体中刺激和改变脑细胞联系的几种基因的活跃水平有明显提高。这些基因分别负责生成一种神经生长素、一种与学习和记忆有关的化学物质以及一种神经突触生长蛋白质。

当人的精神处于亢奋状态时，类似潺潺流水、树叶在风中摇曳、鸟儿鸣叫的天籁之音能使人很快平静下来。这是因为这些天籁之音里隐藏着一种特殊的波形，而这种波形在莫扎特的音乐里大量出现。此外，莫扎特的乐曲里有很多高频音，可以刺激大脑延髓上的神经细胞。

(8) 做一次成功的梦

很多优秀的运动员都进行过一种想象训练：通过在大脑中描绘运动时的情景或者站在领奖台上的场景来提升自己的技术和专注力。

很多人会认为这无异于做白日梦，其实不然，虽然单凭想象不可能让梦想真的实现，但是有人对想象正在运动和实际正在运动这两种情形进行了比较，结果发现，想象正在运动的时候大脑的某些区域更加活跃。这也意味着，即便不能使梦想成真，但却可以激活大脑的某些区域，在一定程度上提升脑力。

附录：激发大脑潜能的思维游戏

（1）天气预报

实时天气预报提示今天半夜 12 时有降雨，那么再过 72 小时会出太阳吗？

（2）好玩儿的字谜

去上面是字，去下面是字。去中间是字，去上下是字。

（3）数字

思考一下：什么数字减去一半等于 0？

（4）CD 唱片

一张 CD 唱片的转速是 100 转/分钟，这张唱片可以运转 45 分钟。

思考一下：这张 CD 唱片总共有多少条纹路？

（5）巧移硬币

如图，在一张桌子上摆上 6 枚硬币，横向 4 枚，纵向 3 枚。

思考一下：如何改变 1 枚硬币的位置，使其形成两条直线，

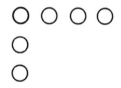

并且每条直线上各有 4 枚硬币？

（6）赛车手

保罗虽然是一名出色的赛车手，然而在平日的驾驶中他一直遵守交通规则，从不显示自己高超的赛车技术。但是，今天他刚刚出门，迎面冲过来一辆车，情急之下他急忙将车往右狠狠一拐，冲上了人行道，交通警察就在旁边维持秩序，却丝毫不在意，反而一路直行走了。更让人惊讶的是，警察居然也像什么都没有发生一样，任由他扬长而去。

思考一下：这是为什么呢？

（7）开枪的士兵

士兵史密斯刚刚学会开枪，现在用眼罩把他的眼睛蒙上，他手中握一支步枪，连长把他的帽子挂起来后，让史密斯往前走了 40 米，然后反身开枪。要求子弹必须击中那顶帽子。

思考一下：史密斯要怎么做才能击中那顶帽子？

（8）祈福的硬币

有一座庙宇，据说里面的菩萨很灵验，所以吸引了很多人到这里膜拜。每个前来祈福的人都会往祈福箱里投一枚硬币，倘若正面朝上的话，就意味着菩萨会帮助他达成心愿；反之，就意味着菩萨也无能为力。寺庙的和尚为了让箱子里正面朝上的硬币多，就立了一个规定：只有扔进箱子里的硬币是正面朝上的时候，人们才可以继续扔硬币；如果硬币是背面朝上，则不可以再扔。如此，一段时间过后，箱子里正面朝上的硬币就会比背面朝上的硬币多。这个主意听起来确实不错，但过了一段时间后，和尚们却发现箱子里正面朝上的硬币居然和背面朝上的硬币数量差不多。

思考一下：这是为什么？

（9）一分钟速答

①在 20 世纪有这样一个年份，假如把这个年份写成阿拉伯数字，无论是正看还是倒过来看都是这一年。思考一下：这是哪个年份？

②在不把火柴折断或者弯曲的前提下，把 3 根火柴摆成一个最小的数。思考一下：这个数是多少？

③一只挂钟从 0 时 0 分开始走，它在 24 小时里，分针和时针要重合多少次？

④假如有 12 个人要过河，而河边只有一条可以一次载 3 个人的小船。思考一下：把这 12 个人都渡过河，需要渡几次？

⑤倘若一个人正在从西向东走，走了不久他向左转 270 度角，接着向后转走，然后，他又向左转 90 度角走，到了最后又向后转走。思考一下：这个人最终是朝哪个方向走的？

（10）七边形

杜登尼是一位数学天才，下图是他所提出的一个复杂的七边形谜题。思考一下，在图中填入 1 ~ 14 的数字（不能重复），使得每边的三个数之和都等于26。

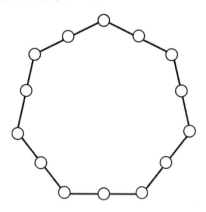

（11） 电话号码

雯雯家电话号码的后四位的四倍恰好是小军家电话号码的后四位；雯雯家电话号码的后四位从后往前倒着写也恰好是小军家电话号码的后四位。

思考一下：雯雯家电话号码的后四位是什么数？

（12） 调时钟

城市的广场中央有一座大钟，每逢整点就会播放音乐报时，1 时敲一下，12 时敲 12 下，而相邻两次的钟声间隔时间为 5 秒。这天晚上 12 时，住在大钟附近的芳芳想根据钟声调自己家的时钟，她数着大钟的响声，当敲到第 12 下的时候，她准时把自己的表调到 12 时 1 分。

思考一下：她调的时间准确吗？

（13）巧算 24 点

①3 个 5 和 1 个 1 通过怎样的运算可以得出 24？

②下列数字通过怎样的运算可以得出 24？（不能改变顺序，只能用四则运算）

10 6 6 4

③4 个 0 通过怎样的运算可以得出 24？

（14）放棋子

你可以把 6 枚棋子放到下图所示的 6×6 的棋盘上，使它们不同行也不同列，并且也不在同一条斜线上吗？

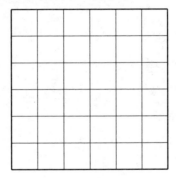

（15）生鸡蛋、熟鸡蛋

小陶不小心把煮熟的鸡蛋与生鸡蛋混在了一起。从外观上又分辨不出来，一一打破又会浪费很多鸡蛋。

思考一下：不打破鸡蛋，怎样把生鸡蛋和熟鸡蛋区分开来？

（16）一笔连圆点

用 6 条直线一笔将下图 16 个圆点连起来。

```
·    ·    ·    ·
·    ·    ·    ·
·    ·    ·    ·
·    ·    ·    ·
```

（17）分衣服

有两位盲人，他们各自买了两件黑衣服和两件白衣服。这些衣服的布料、大小完全相同。可是，两位盲人不小心将四件衣服混在了一起。

思考一下：他们怎样拿回自己的衣服呢？

（18）看太阳的蜗牛

一只住在大树下的蜗牛想要爬到树尖上去看太阳，于是它在某一天傍晚就出发了。蜗牛每天白天要睡觉，到了夜晚才出来活动，一个晚上蜗牛可以向上爬 3 尺，但是白天睡觉的时候会往下滑 2 尺，已知这棵树高 10 尺。

思考一下：蜗牛要爬几天才能爬到树尖？

（19）数字规律

思考一下：问号处应该填什么数？

①7，19，37，61，91，127，?

②7，16，34，70，142，?

③1，2，4，5，7，8，?，11，?，14

④2，9，28，65，?

（20）艰难的决定

有三个物理学家同乘一个热气球做环球探险，然而途中发生了意外，热气球漏气马上就要坠落了。三人经过一番思想斗争后觉得唯一可行的办法就是必须有一个人跳下去。

思考一下：谁会跳下去呢？已知：一个是光学物理学家、一个是原子物理学家、一个是电学物理学家。

（21）找规律

根据下图中所给图形的规律，问号处该填什么图形？

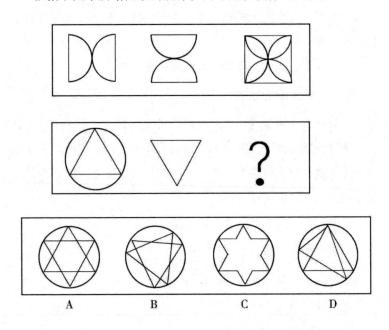

A   B   C   D

（22）语速

小红说话的语速有点特别，她读"花好月圆"需要4秒；读"大家好"需要3秒；读"隆重"需要2秒；读"史蒂夫·乔布斯传"需要7秒。

思考一下：她读"聊斋志异传"需要多长时间？

（23）一字替换

下面4个词组中的动词大多不能互换，你能想到一个字可以替换下面所有的动词吗？

买油　　砍柴　　做短工　　写字

（24）劣质的天平

有一架劣质天平，它两边臂长不一样，但是却处于平衡状态。

思考一下：如何用两个500克的砝码称出1000克的糖呢？

（25）有关菠菜的知识

我们都知道菠菜富含钙，同时也含有大量的浆草酸。浆草酸阻碍人体对钙的吸收。所以，一个人要想摄入足够的钙，就必须用其他含钙丰富的食物来取代菠菜，至少和菠菜一起食用。

思考一下：如果以下哪项为真，最能削弱题干的论证？

A. 大米中不含钙，但含有中和浆草酸并改变其性能的碱性物质。

B. 奶制品中的钙含量要远高于菠菜。许多经常食用菠菜的人也同时食用奶制品。

C. 在烹饪的过程中，菠菜中受到破坏的浆草酸要略多于钙。

D. 在人的日常饮食中，除了菠菜以外，很多蔬菜都含有钙。

E. 菠菜中除了钙以外，还含有其他丰富的营养，另外，其中的浆草酸只阻止人体对钙的吸收，并不阻止对其他营养的吸收。

(26) 脑筋急转弯

①什么时候四减一会等于五?

②什么情况下一山可容二虎?

③纸上写着一个命令。但是,看懂此文字的人,却不能宣读命令。那么,纸上写的是什么呢?

④黑人和白人生下的婴儿,牙齿是什么颜色?

⑤有个地方发生了火灾,虽然有很多人在救火,但就是没人报火警,为什么?

(27) 四等分图形

请将下图所示的图形分为四等份,并且每等份都必须是现在图形的缩小版。

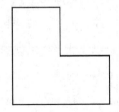

(28) 汉字规律

根据下图所示图形的规律,选择问号处应该填的图形。

正	在	来
可	两	面
中	央	?

A. 令	B. 好	C. 音	D. 政

（29）巧猜成语

以下数字中都暗含了一个成语，思考一下把它们写出来。

3. 5 （　　　　）

2 + 3 （　　　　）

333 和 555 （　　　　）

9 寸 + 1 寸 = 1 尺 （　　　　）

1256789 （　　　　）

23456789 （　　　　）

（30）天使与魔鬼

一个旅行者在途经一片戈壁滩时遇到了三位美女，他知道这几位美女都是天使或者魔鬼变的，然而他却不知道其中哪些是天使，哪些是魔鬼。他只知道天使说真话，魔鬼说假话。

美女甲说："在乙和丙之间，至少有一个是天使。"

美女乙说："在丙和甲之间，至少有一个是魔鬼。"

美女丙说："我只说真话。"

思考一下：这其中有几个天使？

（31）射瓶子

三位神枪手凑到了一起，想比试一番，看看谁的枪法准。他们在一张只有三条腿的桌子上摆放了 4 个瓶子（如图所示），看谁能用最少的子弹射倒 4 个瓶子。结果，甲用了 3 枪射倒了 4 个瓶子。轮到乙时，他仅用 2 枪就射倒了 4 个瓶子。最不可思议的是丙，他居然只用一枪就射倒了 4 个瓶子。当然，最后丙赢得了胜利。

思考一下：他们都是怎么射击的？

（32）一笔画

看看这些图形，每张图你都能一笔画下来吗？试试吧。

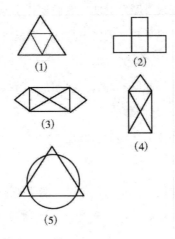

要求：路线不能重复，不许交叉。

（33） 和为18

请将 1~8 这 8 个数字分别填入下图中的 8 个方格内，使方格里的数无论上下左右中，还是对角的四个方格，以及四个角之和都等于 18。

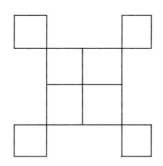

思考一下：你该怎么填？

（34） **动动脑筋**

①12 的一半在什么情况下能等于 7？（算错的情况不算）

②1001 - 103 = 1，如何移动其中一个数字，使等式成立？（不能移动运算符）

③有一个数字，去掉第一个数字是 16，去掉最后一个数字是90，请问这个数字是什么？

④你能算出 0~99 的 100 个数字中，共有多少个 "3" 吗？

⑤5 个一位整数之和为 30，其中一个是 1，一个是 8，而这 5个数的乘积是 2520。思考一下：余下的是哪 3 个数？

（35） **黄金的纯度**

黄金的纯度一般用 K 来表示，24K 指 99.99％ 的纯金，12K

是纯度为 50%，18K 是纯度为 75%。而我们在购买黄金制品的时候，上面的纯度标记一般为三个数字。已知：375 表示 9K，583 表示 14K，750 表示 18K。

思考一下：916 表示多少 K？

（36）图书馆搬书

英国大不列颠图书馆是世界上藏书量数一数二的大图书馆。据说，大不列颠图书馆要从旧馆搬迁至新馆，搬迁预算费用达 300 万英镑。一个馆内图书管理员得知了这个消息后，对馆长说："如果可以把这件事交给我，只需付我一半的预算就够了，并且我保证在规定的时间内把全部图书按要求搬运完毕。"馆长将信将疑地答应了，但是这么大的事情，空口无凭，便和他签订了字据。结果，这个图书管理员真的做到了！

思考一下：这个管理员是怎样做到的？

（37）倒金字塔

找出问号代表的数字。

$$1\ 9\ 4\ 8\ 3\ 7\ 2\ 6\ 5$$
$$5\ 6\ 2\ 7\ 3\ 8\ 4$$
$$4\ 3\ 7\ 6\ 5$$
$$5\ 6\ 4$$
$$?$$

（38）移动火柴棒

移动 3 根火柴棒，使下图的"田"字变成"品"字。

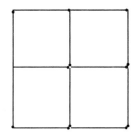

（39）小女孩的年纪

一位漂亮的妈妈带着自己可爱的女儿在公园里散步，很多路过的人都禁不住回头多看她们几眼。这时旁边有人问小女孩多大了，孩子忽闪着大眼睛回答说："4 年前，我妈妈的年龄是我年龄的 7 倍，但是现在她的年龄是我年龄的 4 倍。"

思考一下：这个小女孩今年多大了？

（40）农夫的决定

在很久以前，有一个农夫带着他的山羊、狼和白菜要去另一个地方，途中经过一条大河。然而，他的船太小，山羊、狼和白菜他每次只能带上一样。假如农夫带着狼跟他过河，那么留下的山羊肯定会把白菜吃掉；假如农夫带着白菜先过河，那么留下的狼肯定会把山羊吃掉。只有农夫在的情况下，才能保证它们各自安好。

思考一下：农夫怎样才能把它们都带过河去呢？

（41）四人各带了多少钱？

四个小朋友一同去超市买零食。

大宝说："我有 1 元钱。"

小丽说："我们四个人的钱相加是 6.75 元。"

小新说："我们四个人的钱相乘也是 6.75 元。"

小宝说："大宝钱最少，我的钱最多，小新的钱比小丽的钱多。"

思考一下：这几个小朋友各自带了多少钱？

（42）是不是

在下面的三行文字里加入适当的标点符号，使三行文字能够读通。

①是不是不是是不是不是是不是是

②是是不是不是不是是是不是不是是

③不是是不是是不是是是不是是不是是是

（43）放大镜的局限

思考一下：有什么东西，无论如何也不能被放大镜放大？

（44）走进大森林

一个探险家在途中遇到了一大片茂密的原始森林，思考一下：他最多能走进森林多远？

（45）两岁山

在某国有一座高山，海拔为 12 365 英尺。当地人根据这一数字，给这座山起名为"两岁山"。思考一下：这是为什么？

（46）一分钟速答

①在一个又高又狭窄的玻璃筒里放着一只鲜鸡蛋。在不倾斜玻璃筒的前提下，也不许用任何夹具把鸡蛋夹起。思考一下：用什么办法可以取出鲜鸡蛋？

②宇航员卡特在乘坐宇宙飞船进入太空前，用他携带的自来水笔为来访者签名留念。当他进入太空后，还用这支笔记录在太空中的所见所感。你觉得这是可能发生的吗？

③一只表两年只准一次，另外一只表一天准两次，哪一只钟表更好些？

（47）脑筋急转弯

①一只鸡、一只鹅，放进冰库里。鸡冻死了，鹅却活着，为什么？

②小刘走路从来脚不沾地，这是为什么？

③有两个小朋友长得一模一样，就连生日也在同一天。问她们是不是姐妹，她们说是，但是问她们是不是双胞胎，她们又说不是。为什么？

④123456789 哪个数字最勤劳，哪个数字最懒惰？

⑤为什么大部分佛教信徒都住在北半球？

⑥新买的袜子怎么会有一个洞？

答案：

（1）如果不考虑极昼的因素，那么就不会出现太阳。因为再过 72 小时，就是 3 个昼夜，又是半夜 12 时，而黑夜是看不到太阳的。

（2）章。

（3）8。

（4）一张 CD 唱片只有一条纹路。

（5）把最右侧的那枚硬币叠置于左上角那枚硬币上。

（6）因为保罗骑的是自行车。

（7）题目只是说把帽子挂起来，并没有说挂在哪里，只要把帽子挂在枪口上，就可以做到。

（8）原因是扔硬币的时候，出现正面朝上和背面朝上的概率是一样的，各占 50%。当人们投出正面朝上的硬币时，获得了再次扔硬币的机会，而这次硬币出现正面朝上的概率仍然是 50%，因此，无论怎样，箱子里的硬币正面朝上和背面朝上的数量总是差不多的。

（9）

①1961 年。

② – 11。

③22 次（0 时 0 分开始时不算）。

④6 次。相当于一个船夫和 11 个游客。

⑤应该还是向东。

（10）

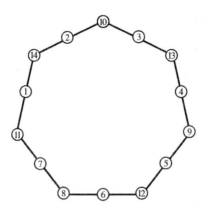

（11）2178。

（12）不准。敲第12下的时候，是12时0分55秒。虽然钟敲了12下，但时间间隔只有11次，所以敲第12下是12时55秒。

（13）

① $(5-1\div5)\times5=24$

② $(10+6)\times6\div4=24$

③ $(0!+0!+0!+0!)!=24$

（14）6个棋子的放法如图所示：

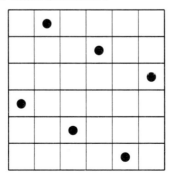

（15）旋转鸡蛋，容易转起来的是熟的，而很难旋转的是生

的。因为煮熟的鸡蛋蛋白和蛋黄是一个整体，容易转动，而生鸡蛋的蛋清和蛋黄是液体，所以转起来比较困难。

（16）

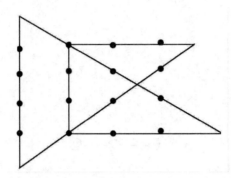

（17）把衣服放在太阳下晒，黑色更吸热，温度更高些，所以热一些的是黑衣服。

（18）8天。

在第一天晚上开始攀爬时，蜗牛向上爬到3尺，但是在第二天白天它又会向下滑到1尺处，所以第一天蜗牛最高到3尺处。

在第二天晚上，蜗牛向上爬到4尺处，第二天白天下下滑到2尺处，所以第二天蜗牛最高爬到4尺处。

依次类推下去，当蜗牛爬到了10尺高的树尖时，所用的时间是10－2＝8，而当蜗牛在第九天早上到达的时候刚好可以看到太阳，而这个过程一共用了八天。

（19）

①169。规律是相邻两个数的差均为6的倍数，且是等比的。

②286。这个数列的规律是前一个数加1乘以2得后一个数。

③第一个问号处是10，第二个问号处是13。相邻两个数的和成等差数列。

④126。规律是 N（1，2，3，4，5……）的 3 次方再加 1。

（20）把体重最重的那个扔下去，让大家有最大的生还概率。

（21）A。

第一、第二幅图重叠起来形成了第三幅图。

（22）5 秒。因为读一个字需要 1 秒。

（23）可以用"打"字代替。

（24）把两个砝码都放在天平的一端，然后在另一端放上糖直到平衡，这时因为天平臂长不等所以不能确定糖的重量，但两个砝码的总重量是 1000 克，这时把砝码拿下来，放上糖，直到两边再次平衡，那么第二次放上去的糖的重量应该等于两个砝码的重量 1000 克。

（25）A。

题干结论：必须吃其他含钙丰富的食物（取代菠菜或者和菠菜一起食用）。

理由：虽然菠菜中富含钙，但含有大量能阻止人体吸收钙的浆草酸。

如果 A 项的断定为真，那么就说明在大米和菠菜一起食用时，既可以摄入足够的钙，又没有用其他含钙丰富的食物来取代菠菜或和菠菜一起食用。这就有力地削弱了题干的论证。

C 项对题干有所削弱，但力度很小。因为即使菠菜在烹饪中受到破坏的浆草酸要略多于钙，如果原来浆草酸要远远多于钙，那么，菠菜里面剩下的钙还是不能被吸收。

其余各项都不能削弱题干。

（26）

①四个角的东西切去一个角。

②一公一母。

③纸上写着"不要念出此文"。

④婴儿还没有长齿。

⑤消防队着火了。

（27）

（28）B。

第一行三个字的笔画数是5、6、7，第二行三个字的笔画数是5、7、9，第三行三个字的笔画数是4、5、6，都是等差数列。

（29）3.5（不三不四）

2＋3（接二连三）

333 和 555（三五成群）

9 寸＋1 寸＝1 尺（得寸进尺）

1256789（丢三落四）

23456789（缺衣少食）

（30）有 2 个天使。

假设甲是魔鬼，由此可推断她们几个都是魔鬼，那么，乙是魔鬼的同时又说了真话，存在矛盾。因此甲是天使，而且乙和丙之间至少有一个也是天使。

假设乙是天使，从她的话来看，丙就是魔鬼。假设乙是魔鬼，从她的话来看，丙就是天使了。因此，无论怎样，都会有 2 个天使。

（31）

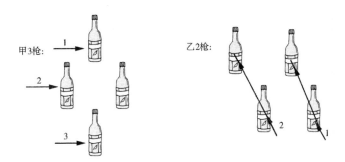

丙一枪把桌子射倒了，桌上的瓶子当然全部碎掉了。

（32）

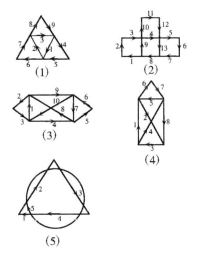

（33）

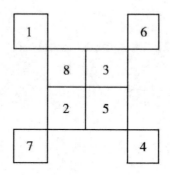

（34）

①在罗马数字中可以等于7。因为把罗马数字12（Ⅻ）拦腰截成两半，上面一半就成了罗马数字7（Ⅶ）。

②$1001 - 10^3 = 1$

③这个数字是96。"九十六"去掉"九"为"十六"，去掉"六"为"九十"。

④共有 20 个。

⑤5、7 和 9。

2520 显然可以被 5 和 10 整除。但因为每个数都只有一位，因此排除 10，于是其中有一个数必然是 5。

把已知数相加（8＋1＋5）得 14。因为 30－14＝16，所以剩下两数之和为 16。

把已知数相乘（8×1×5）得 40，而 2520÷40＝63，所以剩下两数之积为 63。

而两数相加得 16，相乘是 63 的数只有 7 和 9。所以答案是 5、7、9。

（35）22K。

因为纯金是24K，所以9K黄金的纯度以十进制表示为0.375。利用计算器，将一个数乘以0.024就可以转换成K数。所以，916×0.024 = 21.984，约22K。当然，按比例也可以算出来。

（36）第二天，这位管理员就登出了这样一则广告：

"即日起，凡在大不列颠图书馆借阅图书一律免费，但必须在规定的时间内到新馆归还。"

广告一经公布，读者踊跃前去借书，在规定的时间内，旧馆内95%以上的图书就被读者们送至了新馆，余下的图书用车搬完后，整个费用还没有用去10万英镑。就这样，140多万英镑的报酬就装进了这个管理员个人的腰包。

（37）5。

将上一行数列去掉最大数和最小数，然后反向排列得下一列。其实无论第一行的数如何排列，因为要去掉最大数和最小数，最后肯定剩下中间数。

（38）

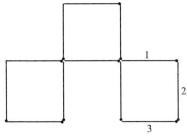

（39）8岁。

假设4年前女儿的年龄为 x，则妈妈的年龄为 $7x$，那么4年后，妈妈的年龄为 $7x+4$，女儿是 $x+4$ 岁。故 $7x+4 = 4(x+4)$，解出即可。

（40）山羊、狼和白菜依次带过河。

因为山羊害怕狼，而且吃菜，所以先从山羊入手，问题就容易解决了。

农夫先带着山羊到对岸，然后农夫独自回来。

农夫再带着狼到对岸，然后把山羊也带回来。

农夫把白菜带到对岸，然后农夫回来。

最后，农夫把山羊带到对岸。

（41）大宝带了 1 元，小丽带了 1.5 元，小新带了 2 元，小宝带了 2.25 元。

（42）

① "是'不是'？"

"不，是'是'。"

"不是'不是'，是不是？"

"是。"

或者：

"是不是？"

"不是。"

"是不是？！"

"不是……"

"是不是！！"

"是……"

② "是'是'，不是'不是'。"

"不是'是'，是'不是'！"

"不，是'是'！"

③ "不是'是'。"

"不，是'是'。"

"不是'是'，是'不是'！是不是?!"

"不，是'是'。"

（43）角度。

无论用多大倍数的放大镜，角度都不会被放大。

（44）他最多能走进森林的一半，因为再往前走就不是"走进"，而是"走出"了。

（45）当地人把前边的"12"看作一年的 12 个月；把后面的"365"看作一年的 365 天。前后相加，正好是两岁。

（46）

①可以往玻璃筒里倒入浓度很高的盐水，让鸡蛋浮起来。

②不可能。因为在太空中没有重力，自来水笔没办法写出字来。

③你一定会毫不犹豫地选择后者。那么，现在换一种问法，有这样两只表：一只根本不走，另一只每天约慢一分。你宁愿要哪一只？你会选择"慢的一只"。回到题目中，每天慢一分的那只表每两年才准一次，而另一只每 24 小时就准了两次。因此，选择每两年才准一次的表才是正确答案。

（47）

①鹅是企鹅。

②因为小刘穿着鞋子。

③她们是多胞胎。

④2 最勤劳，1 最懒惰（一不做二不休）。

⑤南无阿弥陀佛。

⑥没洞穿不进去。